발레의 용어와 기술

일러두기

1. 이 책은 필자가 소장하고 있는 국내외의 발레용어 자료 및 교수법 자료, 그리고 기타 자료들을 토대로 새롭게 재정비하고 보완하였다. 따라서 '저서' 가 아닌 '편저'로 출간 하게 됨을 밝힌다.

2. 차례 및 QR 영상의 동작 중에서 여러 가지 용어가 사용되는 동작의 경우는 한 가지 용어만 게시하였다.

3. QR영상 동작에서 음악은 사용하지 않고 동작만 시연하였다. 또한 선행동작, 또는 다른동작들과 함께 수행되는 경우 슬라이드에 별도로 안내해 두었다.

4. 본문에서 여러번 반복되는 발레 용어 및 영어 단어의 경우 처음 언급될 경우에만 괄호 표기를 병행하였으며, 이후 반복되는 경우에는 괄호 표기를 생략하였다.

5. Ⅴ. Pointe Works의 용어들은 <Ⅰ ~Ⅳ>에서 다루었던 용어들과 중복되는 것들이 많기 때문에 '용어의 정의'는 생략하였다.

6. 이 책에서는 발레 용어의 근본적인 의미를 파악해서 동작의 이해도를 높이는데 목적이 있으므로 용어의 문법적인 측면까지는 고려하지 않았다.

그림 일러스트: 이유진
사진모델: 원희서
영상동작시연: 원희서
영상 구성 및 편집: 서수민

QR 코드 동영상과 함께 하는

발레의
용어와
기술

서수민 편저

김순정 감수
(성신여자대학교 무용예술학과 교수)

우물이 있는 집

책을 펴내며

일찍감치 잠재되어 있던 발레 용어에 대한 나의 작은 호기심에서 시작된 용어 탐구가 드디어 발레인들과 공유하는 날이 오게 되었다. 발레를 전공하고 발레를 가르치는 직업까지 갖게 되면서 매번 드는 궁금증은 '왜 발레 용어가 선생님들 마다 다르지?', ' 왜 아직도 틀린 용어를 사용하고 있는 거지?', 'Battement(바뜨망)이 '때리다'라는 뜻인데 그렇다면 Fondu(퐁듀), Développé(데벨로뻬)는 느리고 부드러운 동작들인데 왜 Battement Fondu(바뜨망 퐁듀), Battement Développé(바뜨망 데벨로뻬)라고 하는 걸까?' 라는 것들이었다.

이런 의문을 간직한 채 시간을 흘려보내고 있던 중, 내가 발레 용어에 본격적으로 관심을 갖게 된 계기는 2013년, 여름 쯤에 대학로 예술가집에서 '인문학 강좌-어원으로 읽는 발레'라는 발레 용어 강의였다. 이 강의는 어원을 토대로 발레 용어가 가지는 동작의 느낌이나 수행과정을 아주 쉽게 이해할 수 있었던 유익한 시간이었다. 용어의 의미를 알고 나니 동작이 저절로 보이는 마치 마법이 풀리는 듯한 느낌이었고, 이 강의는 지금까지 나의 지도방식에 큰 힘을 준 버팀목이었다. 그 이후로 나는 수시로 발레 용어에 대한 자료를 수집하였고, 관련 영상들을 세심히 보고 나름대로 열심히 정리해 두게 되었다.

자료를 수집하는 과정에서 각 발레 메소드(Method)별로 동작의 용어가 상이한 부분이 많음을 알 수 있었고, 이것들을 다시 정리하여 나만의 자료가 아닌 많은 발레인들과 공유하고 싶다는 생각을 하게 되었다. 그래서 2년 전부터 오프라인으로 발레 지도자들을 위한 소규모 세미나를 개최하게 되었다. 세미나는 회를 거듭할수록 참석자들의 반응이 뜨거웠으며, 이들이 발레 용어를 심도 있게 다룬 서적에 대한 부재에 갈증을 느끼고 있었음을 알게 되었다. 나 또한 여러 학교에서 학생들을 지도하면서 정작 지도자들에게 필요한 자료가 턱없이 부족하다는 생각을 가지고 있었다.

이 책은 그동안 내가 강의 하였던 세미나에서의 내용들이 많은 부분 차지하고 있으며, 가장 큰 특징이라 할 수 있는 것은 각 동작에 대한 사진과 그림 일러스트는 기본으로 첨부하였고, 더불어 동작을 영상으로 제작하여 QR코드에 삽입하였다. 그리고 동작들의 특징과 수행 방법 및 효율적인 지도법까지 확장시켜 정리하였다. 제작과정에 많은 어려움이 따를 것이라고는 이미 예상하고 시작하였지만, 사진과 영상 촬영, 그리고 QR코드 작업 등 여러 가지 과정들이 결코 순조롭지는 않았다. 그래도 끝은 보일거라는 믿음과, 발레인들에게 꼭 필요한 공부라는 생각으로 시간이 걸려도 해야겠다는 생각이 나를 계속 압박했다.

움직임을 글로 표현한다는 것은 정말 어렵고 힘든 작업이며, 동작의 깊은 의미까지 전달하지 못한다는 한계점이 있기에 나는 여기서 충족되지 못한 부분들은 오프라인 세미나를 통해 지속적으로 보완하고자 한다. 나는 이 책이 발레 지도자들과 발레를 배우는 학생들뿐만 아니라 성인발레인들에게도 좋은 참고서가 되기를 간절히 바라는 마음이다.

나를 지지하고 응원해 주시는 분들 덕분에 이 책은 세상의 빛을 보게 된 것이지 결코 나 혼자의 힘으로는 절대 불가능했을 것이다. 그 감사함은 이루 말할 수 없다. 이 책이 출간되기까지 많은 관심과 지지를 아끼지 않으셨던 성신여자대학교의 김순정 교수님과 계원예술고등학교의 원세정 선생님, 미국 Western Michigan University의 김세용 교수님께 진정으로 감사 드린다.

그리고 후배의 책 출간에 정신적, 물질적으로 후원 해주신 미국에 계신 설은주 선배님과 항상 나에게 희망과 용기를 주는 친구 조성민을 비롯하여 출간 작업에 도움을 주신 모든 분들에게 이 자리를 빌어 진심으로 감사함을 표하고 싶다.

마지막으로, 이 책이 출간되기를 손꼽아 기다리셨던 사랑하는 나의 어머니께 이 책을 선물한다.

2024년 4월
서 수 민

추천의 글 Ⅰ

발레는 몸으로 하는 언어이지만, 몸으로 표현하기 위해서는 동작이 의미하는 바를 우선 알아야 합니다. 발레 용어를 통해 우리는 그 뜻을 이해하고 동작으로 표현합니다. 발레 용어를 정확하게 알게 되면 발레수업에서 소통이 그리 어렵지 않을 뿐 아니라 용어가 지닌 근원적 의미와 원리를 파악하게 되면서 이전보다 춤을 더 잘 출 수 있는 힘을 지니게 됩니다.

프랑스어로 되어있는 발레용어는 수업이 이루어지고 있는 곳이라면 세계 어디에서나 통하는 국제적인 언어라 할 수 있습니다. 하지만 발레 수업을 하다 보면 지도하는 선생님들마다 사용하는 용어가 달라서 혼동스러웠던 적이 여러 번 있었을 것입니다. 같은 동작이라도 용어를 다르게 쓰거나 아니면, 용어는 하나인데 동작이 여러 개인 경우가 종종 있습니다.

이에 대한 명쾌한 정리가 필요한 시점에 맞추어 출간되는 서수민 선생님의 『발레의 용어와 기술』은 발레를 공부하는 학생들부터, 지도자, 더불어 발레 애호가들에게도 깊이있는 발레 지식을 탐구할 수 있게 하는 전문적 지침서가 될 것입니다.

용어로 접근하여 테크닉까지 이어지므로 지도자들이 학생들을 가르칠 때의 기술은 물론이고 동작의 효율성을 높이기 위한 방법들도 상세하게 설명하고 있습니다. 특히 동작의 이해도를 높이기 위해 영상을 제작하여 첨부한 것은 기존의 발레 용어책 들과 다른 점입니다. 이러한 시도는 발레 용어 책 중에서는 처음이라 출간의 의미가 매우 크며, 무척 반가운 일이 아닐 수 없습니다.

발레 용어는 발레를 배우기 시작하면서 반드시 공부해야 하는 필수 과목입니다. 이 책은 발레 전공자들을 비롯하여, 성인 발레인들에게 까지도 훌륭한 길잡이로써 동작의 정확성을 이해하고 표현하는데 많은 도움을 줄 것이라 확신합니다.

특히, 교육현장에서 지도하시는 선생님들과 발레를 배우는 학생들에게는 필독 서적으로 적극 추천을 드립니다.

2024년 4월
성신여자대학교
무용예술학과
교수 김순정

추천의 글 II

최근 들어 한국 발레의 위상이 급부상하고 있습니다. 세계적인 주요 발레단에서 한국인 주역 무용수들의 역량이 돋보이고, 한국에서의 성인발레(Adult Ballet) 열풍을 비롯하여 발레의 대중화로는 세계적인 수준입니다. 발레계에서도 K-Culture 현상이 만연하는 시대라 할 수 있습니다. 그럼에도 불구하고, 발레용어가 한국어로 바꿔지지는 않습니다. 발레용어는 문화와 역사적 배경을 담고 있을 뿐 아니라, 기능적인 측면에서 큰 의의와 연계성을 가지고 있으므로, 용어를 바르게 이해하고 습득하는 것이 매우 중요하다고 볼 수 있습니다.

이에 등장한 『발레의 용어와 기술』은 발레 초보자부터 전문무용수, 지도자에 이르기까지 모든 발레 입문자들이 모두에게 반드시 알아야 할 기초 지식을 체계적이면서 쉽고 친절하게 정리한 교육서적입니다.

프랑스의 왕 루이 14세(Louis XIV) 영향으로 발레의 용어는 불어입니다. 하지만, 한 나라의 언어를 넘어 발레용어는 Global Language로서 무용인들에게 시공간을 초월하는 보편적 세계 언어입니다. 언어를 이해하고 습득해야 자기 표현이 되듯이, 발레용어를 이해하고 익히는 것은 발레 동작을 효과적으로 실행하고 표현하는데 있어 필수적이라 할 수 있습니다. 이것은 현재 제 자신이 미국에서 다양한 인종과 문화 속에서 발레를 가르치면서도 확실히 느끼는 사실입니다.

이 책에서는 발레의 기본자세와 동작들을 사진과 그림자료, 그리고 영상(QR 코드)까지 곁들여 설명하고 있어 이론과 실질적인 동작을 동시에 익힐 수 있다는 점이 좋습니다. 또한 단순한 용어해석에서 국한되는 것이 아닌, 동작의 특징과 지도법까지 소개되었다는 점이 의미가 더욱 깊습니다.

이 책은 발레를 입문하고자 하는 초보 학습자들에게 최고의 안내서가 될 것이고, 발레 공부를 이미 하고 있는 학도들에게 자주 참고할 백과사전이 될 것이며, 지도자들에게는 교육에 관한 효과적인 지침서가 되어 줄 것이라 확신합니다.

모든 발레인들에게 적극 추천 드립니다!

2024년 4월

미국 Western Michigan University

Department of Dance

교수 김세용(Seyong Kim)

차례

Ⅰ. Basic Concepts (기본 개념)

Ⅱ. Barre Works (바 워크)

Ⅲ. Centre Works (센터 워크)

IV. Jump Works (점프 워크)

발레의 용어와 기술

V. Pointe Works (포인트 워크)

I
Basic Concepts

1. Types of Ballet Method

'**Method**(메소드)'란 '기법', '방법'을 뜻하는 단어로서 발레에서는 '교수법'의 의미로 통한다. 발레 교육에서 메소드(Method)의 선택은 학생을 우수한 인재로 발전시키는 데 지대한 영향을 끼친다고 해도 과언이 아닐 것이다.

역사적으로도 훌륭한 교사들이 탄탄한 메소드를 토대로 많은 예술가를 배출해냈기에 메소드에 관한 교육은 지도자로서 반드시 필요한 부분이다.

메소드의 형태(**Types of Ballet Method**)는 여러 종류가 있으며, 한국에서는 바가노바 메소드(Vaganova Method)가 정착되어 대중화가 되었다. 따라서 이 책에서는 바가노바 메소드를 중심으로 내용을 전개하고자 한다.

다음의 표에서는 여러 가지 메소드의 형태를 간략하게만 정리해 두었고, 차이점이나 특징은 다루지 않을 것이다.

Method	Area
Vaganova(바가노바)	러시아
Bolshoi(볼쇼이)	
Cecchetti(체케티)	·이태리, 미국 등
French(프렌치)	프랑스
R.A.D(로열 아카데미 오브 댄스)	영국

2. Seven Movements of Ballet

　발레의 많은 동작들은 다음과 같은 일곱 가지 기준의 원리에 의해 구성되었다. 이 원리는 발레뿐만 아니라 무용의 모든 움직임에도 해당이 되는 원리이다.

　다음의 표에서 **발레의 7가지의 움직임**(Seven Movements of Ballet)에 해당되는 용어와 동작의 형태를 간단히 정리해 두었다.

	용어	풀이	유형
1	Plier (쁠리에)	구부리기 (to bend)	Plié, Battement Fondu처럼 구부리는 동작들
2	Étendre (에땅드르)	펴기 (to stretch)	Battement Tendu, Battement Tendu Jeté 등의 펴는 동작들
3	Relever (를르베)	올라가기 (to rise)	Battement Relevé Lent, Sus-Sous 등의 상승하는 동작들
4	Glisser (글리세)	미끄러지기 (to glide)	Glissade처럼 미끄러지는 동작들
5	Sauter (쏘떼)	점프하기 (to jump)	수직으로 도약하는 점프 동작들
6	Tourner (뚜르네)	돌기 (to turn)	회전하는 동작들
7	Élancer (엘랑세)	돌진하기 (to dart)	Sissonne, Grand Jeté 와 같이 이동하는 점프 동작들

발레의 용어와 기술

3. Positions of the Feet

발의 포지션(Positions of the Feet)에 대한 내용은 이미 다 알고 있는 것이지만, 기존의 우리가 알고 있는 포지션(position)에 대한 용어는 영어 위주로 알고 있었기에, 프랑스어 표현으로도 알아보고자 한다.

특별히 4번 포지션(4th Position)을 두 가지의 방식으로 사용하기도 한다는 것도 눈여겨 보아야 할 것이다. 4번 포지션은 매우 어려운 포지션이기 때문에 다른 포지션을 익힌 후에 배우는 것이 좋다.

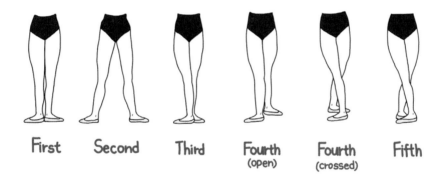

First Second Third Fourth (open) Fourth (crossed) Fifth

발의 포지션

영어(English)	프랑스어(French)	풀이
1st Position	Première(프리미에르)	'첫 번째의'
2nd Position	Seconde(스공드)	'두 번째의', '제2의'
	Deuxième(듀지엠므)	'둘째의', '두 번째의'

영어(English)	프랑스어(French)	풀이
3rd Position	Troisième(트로아지엠므)	'세 번째의', '제3의'
4th Position (open)	Quatrième Ouverte (꺄뜨리엠므 우베르트)	'Quatrième'는 네 번째의', 'Ouverte'는 '열린(open)' 즉, '열린 4번 포지션
4th Position (crossed)	Quatrième Croisée (꺄뜨리엠므 크로와제)	'Croisé'는 '닫힌' 즉, 닫힌 4번 포지션
5th Position	Cinquième(쎙크엠므)	'다섯번 째의', '제5의'

4. Directions of Movement of the Legs

    다리의 방향(Directions of Movement of the Legs)을 지시할 때는 '*Devant*(드방:앞)', '*À la seconde*(알 라 스공드:옆)', '*Derrière*(데리에르 :뒤)'라고 한다.

    이 세 가지 방향을 합치면 '*En Croix*(앙 크로와)' 라고 하는데 이 용어들을 사용하고자 할 때는 이동이 없는 다리의 방향을 의미한다는 것에 주목해야 한다. 쉽게 말해 제자리에서 동작이 진행될 때 이 용어를 사용하는 것이다.

    '*En Croix*(앙 크로와)'는 '십자가로'라는 뜻으로, 발레 수업에서 스텝(step)[1]을 구성할 때 쓰이는 형식으로, 스텝이 *Devant* (드방)→ *À la seconde*(알 라 스공드) → *Derrière*(데리에르) 그리고 다시 *À la seconde*로 돌아오는 형식을 말한다.

    발레 수업에서 앙쉐느망(Enchaînement)[2]을 익힐 때 이 형식을 기억한다면 도움이 될 것이다.

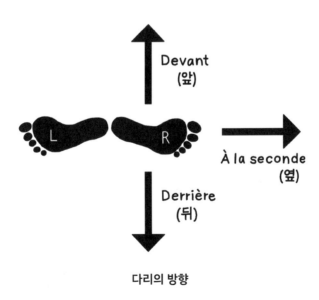

다리의 방향

5. Directions of Travel

발레 수업에서 **이동 방향**(Directions of Travel)을 의미할 때는 *'En Avant*(아 나방)', *'De Côté*(드 꼬테)', 그리고 *'En Arrière*(아 나리에르)' 라는 용어를 사용한다.

용어	풀이
En Avant (아 나방)	앞으로(forward)
De Côté (드 꼬떼)	옆으로(to side)
En Arrière (아 나리에르)	뒤로(backward)

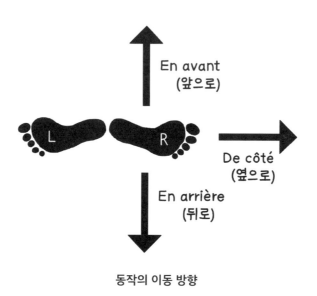

동작의 이동 방향

6. Aplomb

'*Aplomb*(아플롬)'은 '**안정성**(stability)', '(수직 상태의) **균형성**'이라는 뜻으로, 우리가 클래식 발레에서 꼭 알아야 할 개념 중 하나이다.

발레에서 의미하는 '*Aplomb*'은 몸의 자세가 앞, 뒤로 기울거나 허리가 쳐지지 않고 수직이어야 하며, 정면에서 봤을 때 몸통은 어깨와 골반의 좌·우의 위치가 같게 유지되어야 한다.

또한, 측면에서 서 있을 때는 머리와 몸통의 중앙을 통해 지지하는 다리 (standing leg)의 복숭아 뼈 중앙을 통과하는 수직축이 유지되어야 한다. 이것은 해부학에서 말하는 '신체 정렬(body alignment)'과 같은 의미를 지닌다.

Aplomb의 훈련은 Barre Works(바 워크)에서부터 철저히 단련되어야 한다. 그 이유는 균형을 잃지 않은 상태에서, 또는 Barre(바)를 잡지 않은 상태에서 동작수행이 가능하기 위함이며 특히, 점프(jump)동작을 잘 하기 위함이다.

균형있는 자세를 위해서는 지지하고 있는 다리의 발의 역할이 매우 중요하다. 바닥은 엄지발가락에만 의지하지 않고 발 전체에 고르게 분배되어야 한다. 엄지발가락에만 무게 중심이 집중될 경우 후에 '**무지 외반증**(Hallux Valgus)'이라는 질병을 초래하며 일반 보행에도 심각한 영향을 미쳐 신체 정렬이 망가지면서 다른 부상을 초래하게 된다.

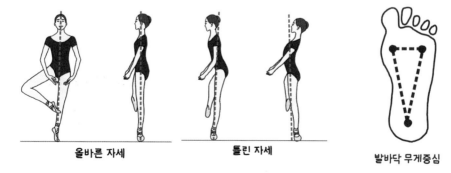

올바른 자세   돌린 자세   발바닥 무게중심

신체 정렬

7. En Dehors & En Dedans

교육현장에서 가르치다 보면 발레에 처음 입문하는 전공자나 비전공자들이 어려워하는 발레의 이론 중 하나가 바로 '*En Dehors*(앙드올)', '*En Dedans*(앙드당)'이다.

이 개념을 이해하기 위해서는 지지하는 다리의 뒤꿈치와 움직이는 다리 (working leg)의 움직임 방향을 잘 이해하여야 한다.

다음의 그림에서 파란색 화살표(→)는 지지하는 다리(그림에서 왼쪽 다리)의 뒤꿈치의 방향, 그리고 검정색 화살표(→)는 움직이는 다리(그림에서 오른쪽 다리)를 의미하는 것이다.

용어	용어 풀이	개념	움직임 궤적
En Dehors (앙 드올)	'바깥쪽의', '바깥쪽으로', 'Outside'	①지지하는 다리 (Standing Leg) 뒤꿈치가 '뒤쪽'으로 움직일 때 ②동작이 (몸통의) '바깥쪽', 또는 '뒤쪽'으로 움직일 때	
En Dedans (앙 드당)	'안쪽의', '안쪽으로' 'Inside'	①지지하는 다리 (Standing Leg) 뒤꿈치가 '앞쪽'으로 움직일 때 ②동작이 (몸통의) '안쪽,' 또는 '앞쪽'으로 움직일 때	

8. Sur le Cou-de-pied

'*Sur le Cou-de Pied*(쒸르 꾸 뜨 삐에)'에서 '*Pied*(삐에)'는 '발', '*Cou-de*(꾸-드)'는 '~의 목(neck)'이라는 뜻이다. 그래서 '*Cou-de-pied*(꾸드 삐에)'는 '발목'이다. 여기에 '*Sur le*(쒸르: ~위에서)'가 덧붙여져서 '발목 위에서'라는 뜻이 된다.

정리하면, '*Sur le Cou-de Pied*'는 '발목 위에서 하는 움직임'이라고 할 수 있다.

Sur le Cou-de-pied는 다음의 세 가지 형태로 구분되어 동작 수행 시 사용된다.

1) Conditional Cou-de-pied → Vaganova

: '*Conditional*(컨디셔널)'은 '조건부의', '예외적인'의 뜻으로 발레 동작에서는 '조건부의 꾸-드-삐에(Conditional Cou-de-pied)'로 해석된다.

이 포지션은 발끝이 발목의 앞쪽 복숭아뼈 위쪽에 위치 한다.

Battement Fondu(바뜨망 퐁듀), Battement Développé(바뜨망 데벨로뻬)[3], Pas de Bourrée(빠 드 부레)[4]와 같은 동작에서 사용된다.

2) Sur le Cou-de-pied Devant

: Sur le Cou-de-pied Devant(쒸르 꾸-드-삐에 드방)은 발바닥이 발목을 감싸는 형태로서 Battement Frappé(바뜨망 프라뻬), Petit Battement(쁘띠 바뜨망)과 같은 동작에서 사용된다.[5]

3) Sur le Cou-de-pied Derrière

: Sur le Cou-de-pied Derrière(쒸르 꾸-드-삐에 데리에르)는 뒤꿈치가 뒤쪽 복숭아 뼈 위에 위치 한다. Derrière로 하는포지션은 이 한 가지 형태 밖에 없다.

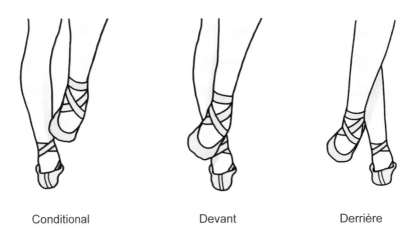

Conditional   Devant   Derrière

Sur le Cou-de-Pied

9. Retiré
Raccourci → French

'***Retiré***(레띠레)'는 '수축된', '짧아진'이라는 뜻으로, 프랑스 메소드에서는 '***Raccourci***(라꾸르씨)'라고 한다. 'Raccourci'는 '짧아진', '단축된'이라는 뜻을 가지고 있다.

Retiré는 Battement Développé를 수행하기 위한 과정 중 하나이며, 발이 2번, 4번 혹은, 5번 포지션에서의 Tour(뚜르: '회전'이라는 뜻)를 할 때도 사용된다.

바가노바 메소드에서는 Tour 할 때의 Retiré를 '***Tire-Bouchon***(띠르-부숑)'[6]이라고 한다.

여기서 꼭 기억해야 할 것은 Retiré는 정지 상태의 자세(position)를 의미한다. 이에 대한 자세한 내용은 <Ⅱ장>의 Passé(빠쎄) 부분에서 좀 더 명확하게 설명하고자 한다.

Retiré의 발끝의 위치

10. Positions of the Arms

우리가 알고 있는 발레 수업에서의 **팔의 포지션(Positions of the Arms)**은 각 메소드별로 매우 다양하다.

바가노바 메소드는 6개[7], 체케티 메소드에서는 9개, 프랑스 메소드는 6개, R.A.D.는 8개의 포지션으로 세분화시켜 놓았다.

각 메소드에서 사용되는 팔의 포지션 용어들이 조금씩 다른 부분은 표로 별도로 정리해 두었으며, 사진들을 보면서 잘 이해하길 바란다.

1) 각 메소드별 포지션에 관련된 용어

(1) Cecchetti

용어	풀이
Demi-Seconde (드미 스공드)[8]	'Demi'는 '반의', '절반의'. 'Seconde'는 '두 번째'의 뜻으로 '낮은 팔'을 의미
En Bas(앙 바)	'Bas'는 '낮은', '아래'라는 뜻. 'En'과 만나서 '아래에', 또는'아래로'라는 뜻
En Avant(아 나방)	'Avant'은 '앞쪽', '앞부분'. 'En'과 만나서 '앞에', 또는'앞쪽으로'라는 뜻
En Haut(앙오)	'Haut'는 '위', '높은'의 뜻. 'En'과 만나서 '위로', 또는 '위에'라는 뜻

발레의 용어와 기술

(2) French

용어		풀이
★준비 Position	Bras au Repos (브라 아 르뽀)	'Bras'는 '팔', 'Repos'는 '활동의 정지', 또는 '부동'의 뜻. 'au'와 함께 '부동의 팔'이라는 뜻이 됨
	Position de Départ (뽀지숑 드 데파)	'Position'은 '자세', 'Depart'는 '출발'의 뜻. 즉, '준비 자세'
	Position Préparatoire (뽀지숑 프레파라토르)	'Préparatoire'는 '준비의' 뜻. 즉, '준비 자세'라는 뜻
Bras en Attitude (브라 앙 아티튜드)		'Attitude의 팔'
Bras en Couronne (브라 앙 꾸론)		'Couronne'은 '(꽃잎 따위의)관', '화관'이라는 뜻. 즉, '머리 위에 팔(bras)'이 있다는 의미

(3) R.A.D

용어	풀이
Bras Bas(브라 바)	'아래쪽의 팔', '팔을 아래로'의 뜻. 즉, 준비 포지션
Demi-Bras(드미 브라)	À la seconde(2nd Position) 보다 '낮은 팔'을 의미

2) 각 메소드별 포지션의 유형

(1) Vaganova

Preparation Position

1st Position

2nd Position

3rd Position

Small Position[9]

Big Position[10]

발레의 용어와 기술

(2) Cecchetti

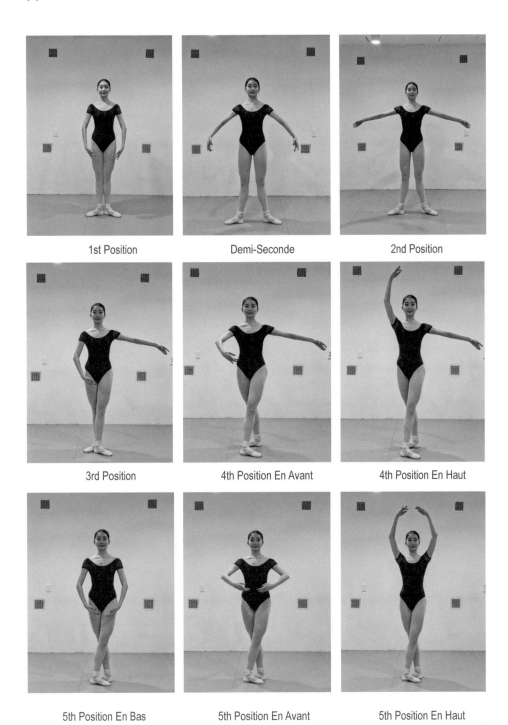

1st Position

Demi-Seconde

2nd Position

3rd Position

4th Position En Avant

4th Position En Haut

5th Position En Bas

5th Position En Avant

5th Position En Haut

(3) French

Preparation Position

1st Position

2nd Position

3rd Position
Bras en Attitude

4th Position

5th Position
Bras en Couronne

(4) R.A.D

Bras Bas   1st Position   Demi-Bras

2nd Position   3rd Position   4th Position

4th Position (crossed)   5th Position

11. Port de Bras

   '*Port de Bras*(뽀르 드 브라)'는 '팔의 움직임'이라는 뜻으로, 'Port'는 '들다', '옮기다'를 뜻하는 'Porter'의 명사형이며, 'Bras'는 '팔'이라는 뜻이다.

   일반적으로 발레 수업에서 훈련되는 팔의 연결 동작을 'Port de Bras' 라고 한다. 문헌에 따르면, Port de Bras는 두 가지 의미를 담고 있다.[11]

   첫 번째는, 팔의 각각의 포지션이 다양한 위치로 통과함으로써 이루어지는 움직임, 또는 일련의 움직임을 의미한다. 팔이 하나의 포지션에서 다른 포지션으로 지나갈 때, 하나의 Port de Bras를 구성하게 된다. 우리가 Port de Bras를 배우고, 지도해 보면 알겠지만 특히, 1번 포지션(1st Position)은 모든 Port de Bras의 관문이 된다. 그래서 이 포지션을 다른 말로 'Gateway(게이트웨이)'라고도 한다.[12]

   두 번째는, 팔을 우아하고 조화롭게 움직이도록 설계된 일련의 엑서사이즈(exercise)가 있다. 대표적으로, 체케티 메소드에서는 8개, 그리고 바가노바 메소드에서는 6개의 움직임(movement) 형태로 Port de Bras를 만들어서 발레에서 요구되는 섬세하고 아름다운 상체의 표현을 하는데 바탕이 되도록 훈련시키고 있다(QR을 통한 동영상 참고).

   아그리피나 바가노바(Agrippina Vaganova)는 클래식 발레에 있어서 팔에 대한 올바른 움직임을 학습하고 훈련하는 것은 예술적인 외형을 완성하게 되며, 발레의 완전한 하모니를 갖게 하는 것이며, 이와 더불어 팔에 대한 학습은 클래식 발레에서 가장 어려운 부분 중의 하나로 많은 노력과 훈련이 필요하다고 강조하였다. 또한 자연스러운 Port de Bras를 구사하는 것은 훌륭한 교사에게서 배웠음을 입증하는 근거가 된다고 하였다.[13]

   따라서 발레 수업에서 Port de Bras의 연습은 계속적으로 이루어져야 하며, 지도자는 훈련의 이유를 분명하게 인지시킬 필요가 있다.

*위의 QR코드를 찍으면 바가노바 메소드 방식의 Port de Bras를 볼 수 있다.

12. Allongé & Arrondi

　'**Allongé(알롱제)**'는 '길게 늘리다', '연장하다'의 동사 'Allonger'에서 파생되어 '늘인', '연장된'이라는 뜻이다.

　보통 발레 수업에서는 팔을 길게 늘릴 때 사용하며 Arabesque(아라베스크)의 팔 형태가 대표적인 Allongé라고 할 수 있다.

　이와 상반되는 것으로 '**Arrondi(알롱디)**'는 '둥글게 하다', '부드럽게 하다'의 의미로 둥글게 굽은 모양을 통칭한다고 할 수 있다.

　발레 수업에서는 Port de Bras를 할 때, Allongé를 한 후에 다시 둥근 팔을 만들 때 'Arrondi'라고 한다. 그러므로 'Allongé'는 영어의 'long', 'Arrondi'는 영어의 'round'의 의미를 갖고 있다.

　다른 형태로의 Arrondi는 Grand Battement Arrondi(그랑 바뜨망 알롱디)[14]가 있다.

Allongé

Arrondi

13. Points of Stage or Studio

발레 수업이나 **무대 또는 스튜디오에서의 지점**(Points of Stage or Studio)에 대한 지식은 학습자를 공간에 대한 인지력을 키워주고, 지도자와 학습자 사이의 원활한 소통을 편하게 해준다. 각 메소드별로 다른 방법으로 무대 공간에 대한 지점을 지도하고 있지만 모두가 이해하고 기억하는데는 바가노바 방식이 가장 쉬울 것이다.

다음의 그림은 메소드별로 사용되고 있는 방식이다.

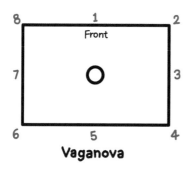

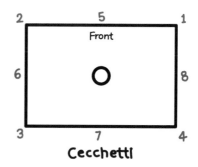

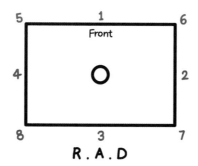

Points of Stage or Studio

발레의 용어와 기술

14. Directions of the Body

몸의 방향(**Directions of the Body**)에 대한 용어는 기본적으로 사선과 정면의 두 가지 개념에서 더 세분화 된다.

대부분의 발레 동작들은 몸 방향을 관객을 기준으로 사선 방향으로 이루어지고 있고, 어깨와 시선은 관객 쪽을 향하게 된다.

몸의 방향에서 꼭 알아야 할 용어는 바로 '*Épaulement*(에뽈르망)'이다.

'Épaulement'은 '어깨(shoulder)'를 뜻하는 'Épaulé(에뽈레)'에서 파생한 단어로서 '어깨의 움직임'이라는 뜻이다. 이 자세는 몸 방향이 스튜디오의 사선 방향을 향하고 얼굴은 앞쪽 어깨 방향 즉, 무대로 치면 객석 쪽을 바라보고 있는 자세이다.

발레 수업에서 Épaulement 자세가 중요한 이유는 몸통을 사선으로 틀어줌으로써 발레의 멋과 세련미를 더하고 몸의 라인을 더 길어 보이게 하는 효과가 있기 때문이다. 하지만 사선으로 방향을 틀 때 너무 틀어 버리면 오히려 몸의 라인이 더 짧아 보이기 때문에 무대나 스튜디오에서 자신이 서있는 현재 지점을 중심으로 사선방향으로 틀어야 한다.

Épaulement의 대표적 자세는 Croisé(크로와제), Effacé(에퐈세)이다.

몸 방향에 대한 용어 또한 메소드별로 조금씩 다른 부분이 있으므로 다음의 표를 참고하여 활용하기를 바란다.

몸의 방향			풀이
En Face(앙파스) De Face(드 파스)			모두 '정면'을 의미함. 즉, 얼굴이 정면에서 다 보이는 상태
À la quatrième(★) (알 라 꺄뜨리엠므)		Cecchetti	
Épaulement (에뽈르망)	Croisé (크로와제)		'겹쳐진', '교차된 (cross)', '십자형의'라는 뜻. '닫힌 방향(close)'
	Effacé (에파세)		'지워지다', '사라지다'의 뜻. 몸을 사선으로 틀어 안쪽 어깨가 잘 보이지 않 도록 서고, 다리가 열린 형태를 유지하는 자세 '열린방향(open)'
	Épaulé (에뽈레)	Cecchetti	'어깨'라는 뜻으로, 체케티 메소드에서 쓰는 용어이다
	Écarté (에까르떼)		'벌어지다', (중심에서) '멀리 떨어진'의 뜻
À la seconde (알 라 스공드)			En Face 자세에서 다리가 옆을 향하고 있는 자세

Point À la quatrième는 다리가 Devant, Derrière일 때만 이 용어를 사용한다.

발레의 용어와 기술

<몸의 방향>

En Face Devant
À la quatrième Devant

En Face Derrière
À la quatrième Derrière

Croisé Devant

Croisé Derrière

Effacé Devant

Effacé Derrière

Écarté Devant

Écarté Derrière

Épaulé

À la seconde

15. Levels of the Working Leg

발레 동작에서 움직이는 **다리의 높이**(Levels of the Working Leg)에 대해서 일반적으로 **'Par terre(빠 떼르)'**, 혹은 **'En l'air(앙 레르)'** 정도로만 알고 있다. 하지만 좀 더 자세히 분류하면 다음과 같이 요약할 수 있다.

'Par terre'는 발끝이 바닥에 완전히 붙어 있는 상태이며, **'En l'air'**는 발끝이 공중에 떠 있음을 의미하는데 여기서는 편의상 90°이하를 중간 높이(Middle), 90°에서부터 그 이상을 매우 높은 단계(High)로 나누었다.

다음의 표와 사진은 다리의 높이에 대한 용어들을 자세히 정리한 것이다.

높이	용어	풀이
Low (바닥)	Par terre (빠 떼르)	'Par'는 '~에서', 'Terre'는 '바닥' 'À '는 '~위에서'
	À terre(아 떼르)	
Middle (90° 이하)	En l'air demi-position (앙 레르 데미 뽀지숑)	'En l'air'는'공중에서' 'Demi'는 '절반의' 'Hauteur'는 '높은 곳'
	À la demi-hauteur (알 라 데미 오떼르)	
High (90°~이상)	En l'air(앙 레르)	
	À la hauteur (알 라 오떼르)	

Par terre

En l'air demi-position
À la demi-hauteur

En l'air
À la hauteur

다리의 높이

16. Relevé

'*Relevé*(를르베)[15]'는 (위로) '쳐들린', '올라간', '올려진'이라는 의미로서, 발레 수업에서 'Relevé'는 두 가지의 의미[16]로 정리할 수 있다.

첫째는, Sur les Demi-Pointes(쒸 르 데미- 뽀앙뜨)[17], 이나 Sur les Pointes(쒸 르 뽀앙뜨)[18]로 올라가는 것(to rise), **둘째는,** 어떠한 방향에서든 곧게 펴진 다리가 다른 높이(45°나 90°이상)로 올라가고 있는 것을 의미한다.[19]

한마디로 정리하자면, 'Relevé'는 '동작의 수행의 과정(action)'을 의미한다. 우리가 발레 수업에서 Sur les Demi-Pointes 혹은 Sur les Pointes로 서 있는 자체를 'Relevé'라고 생각하기 쉬운데, 이 두 자세는 '정지동작, 즉 포지션(position)'이기 때문에 Relevé가 실제 내포하고 있는 의미와 구분이 되어야 한다.

다음의 그림은 정지 동작(position)과 동작의 수행과정(action)의 차이를 보여주고 있다.

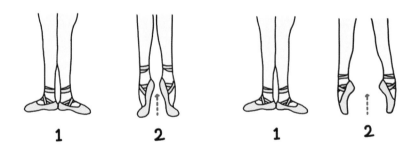

1	2	1	2

Position ⇨ ⇨ Demi-Pointe   Pointe

Action(↕) ⇨ ⇨   Relevé

17. Arabesque

'**Arabesque**(아라베스크)'는 '아라비아풍'이라는 뜻으로서 이슬람교 사원의 벽면 장식이나 공예품에서 볼 수 있는 아름다운 곡선의 문양을 의미 한다.

발레 동작에서 Arabesque는 무용수의 머리, 팔, 발끝까지 이어지는 곡선이 아라베스크 문양을 닮았다하여 붙여진 아름답고 **우아한 곡선 라인의 동작**이다. Arabesque 또한 각 메소드 별로 차이가 있다.

바가노바 메소드는 네 가지, 체케티 메소드에서는 다섯 가지, 프랑스 메소드는 두 가지, R.A.D는 세 가지로 세분화시켜 놓았다.

특이한 점은, 대부분의 메소드에서 Arabesque의 유형을 번호로 정해 두었지만, 프랑스 메소드에서는 'Arabesque Croisée(크로와제:닫힌)[20]', 그리고 'Arabesque Ouverte(우베르트:열린)[21]'라는 용어를 사용한다는 것이다. 그래서 '열린 아라베스크', '닫힌 아라베스크'라고 할 수 있다.

다음의 Arabesque의 사진을 참고하면서 각 메소드별로 다른 형태의 포지션을 살펴보고자 한다.

1) Vaganova

1st Arabesque

2nd Arabesque

3rd Arabesque

4th Arabesque

2) Cecchetti

1st Arabesque

2nd Arabesque

3rd Arabesque

4th Arabesque
(with Demi-Plié)

5th Arabesque
(with Demi-Plié)

 Point 여기서 4th Arabesque와 5th Arabesque는
반드시 Demi - Plié와 함께 한다.

발레의 용어와 기술

3) French

Arabesque Ouverte

Arabesque Croisée

4) R.A.D

1st Arabesque

2nd Arabesque

3rd Arabesque

18. Attitude

'**Attitude**(애티튜드)'는 영어의 'Attitude'와 같은 뜻으로 '태도', '(몸의) 자세'를 뜻한다. 이탈리아 무용가 카를로스 블라시스(Carlo Blasis)가 조각가 지오바니 다 볼로냐(Giovanni da Bologna)의 조각상인 머큐리(Mercury)에서 영감을 받아 고안한 포즈이다.[22]

'Attitude'는 Arabesque처럼 다리를 들어서 무릎을 굽혀서 허벅지와 지지하는 다리 사이가 90°이상이 되게 하는 자세이다. 특수한 경우로, 바닥에서 Attitude를 할 때도 있는데 이때는 뒷발 발끝이 바닥에 닿고 무릎은 지지하는 다리 뒷무릎 쪽에 붙이는 상태를 '**Attitude à Terre**(애티튜드 아 떼르)[23]', 또는 '**B+ Position**(B 플러스 포지션)'이라고 한다.[24] 여기서 'B'는 'George Balanchine(조지 발란쉰)[25]'의 'Balanchine'을 의미하며, '+'는 무용수의 뒷다리가 구부러져 두 허벅지가 그림처럼 서로 붙어 있는 자세를 의미한다.[26]

Attitude Devant   Attitude Derrière   Attitude à Terre
                                                    B+ Position

19. En Diagonale

'**Diagonale(디아고닐)**'은 '사선(영어로 diagonal:다이아고닐)'이라는 뜻을 담고 있다. 즉, 발레 동작에서 스텝이 사선 방향으로 이동하는 것을 의미한다.

다음의 그림은 **En Diagonale(앙 디아고닐)**의 이동 경로를 나타낸 것이다.

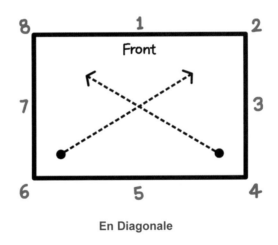

En Diagonale

20. En Manège → *French*

'**Manège**(마네쥬)'는 '말타기', '회전목마'의 뜻으로 놀이동산의 빙글빙글 도는 회전목마처럼 원을 그리며 이동하는 것을 말한다.

　대부분의 발레 수업에서 'En Diagonale'과 마찬가지로 굉장히 많이 사용하고 있을 뿐 아니라 클래식 발레 작품중 여성과 남성의 Solo Variation(솔로 바리에이션), 또는 Grand Pas de Deux(그랑 빠 드 되) 중 Coda(코다)[27] 부분에서도 자주 볼 수 있다.

　En Manège(앙 마네쥬)는 다음의 그림처럼 무대 가장자리(바깥쪽)를 향해 앞쪽으로(En Avant)스텝을 하며 방향을 하나씩 틀어 나아가는 것이 중요하다(※그림 참고).

En Manège의 구성

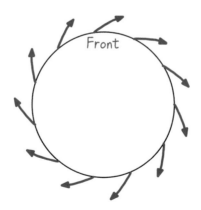

21. Révérence

'***Révérence***(레베랑스)'는 '존경', '숭배', '경례'라는 의로서 발레 수업 전과 후에 혹은 무대에서 공연이 끝난 뒤 무용수들이 관객에게 인사하는 것을 말한다.

남, 녀의 인사법에 있어 차이가 있으며, 수업의 형태에 따라 다양한 방식으로 구성될 수 있다.

> ＊ 위 QR에서는 여성무용수의 Révérence만 소개되어 있다.

II
Barre Works

1. Plié

1) 용어의 정의

'***Plié***(쁠리에)'는 '구부리다(to bend)'의 의미이다.

2) 특징

(1) Demi-Plié(드미-쁠리에)와 Grand-Plié(그랑-쁠리에) 두 가지 형태가 있다.

　① Demi-Plié: '반(Demi)만 구부리는' 동작,

　② Grand-Plié:'크게(Grand) 구부리는' 동작.

(2) Plié는 모든 발레 동작의 기본이자, 매우 중요한 동작으로서 구름판 같은 역할을 하며, 동작 수행을 위한 힘(power)을 제공하는 데 도움을 준다.

(3) '정지자세(position)'가 아닌 **'움직임(action)'**이다.

3) How to do

(1) Demi-Plié

: 아킬레스 건을 최대한 늘려주며, 내려갈 때와 올라올 때의 속도와 에너지가 같아야 한다.

(2) Grand-Plié

① 발의 1번, 4번, 5번 포지션에서는 Demi-Plié를 최대한 보여주면서, 마지막에 뒤꿈치를 서서히 들면서 내려간다.

Tip	뒤꿈치를 먼저 들지 않도록 한다!!!

② 발의 2번 포지션에서는 뒤꿈치가 바닥에서 떨어지지 않는다.

Tip	다른 포지션과 다르다는 것을 꼭 기억해야 한다.

(3) 모든 포지션에서 Plié를 할 때 무릎과 발가락 방향이 평행이 되도록 한다.

Demi-Plié

Grand-Plié

발레의 용어와 기술

2. Cambré

1) 용어의 정의

'*Cambré*(깜브레)'는 '활 모양의', '(활처럼) 휜'의 뜻이다.

2) 특징

(1) 상체를 앞, 옆, 뒤로 구부리거나 젖히는 동작이다.

(2) 보통 Plié, Rond de Jambe par Terre(롱드 쟝브 빠 떼르) 및 아다지오(adagio)의 컴비네이션(combination)에서 주로 사용한다.

3) How to do

(1) 앞으로

: 앞으로 숙일 때 다리가 뒤로 밀리지 않도록 주의한다.

Tip	꼬리뼈가 하늘로 향한다는 느낌으로 한다!!!

(2) 옆으로

① 정확히 옆으로 숙인다.

② 골반이 밀리지 않도록 한다.

(3) 뒤로

① 허리가 꺾이지 않게, 등부터 순차적으로 넘어가도록 한다.

② 골반은 위로 계속 끌어올린다.

(4) 팔과 시선이 함께 한다.

앞으로 뒤로

Cambré

발레의 용어와 기술

3. Battement

1) 용어의 정의

'***Battement***(바뜨망)'은 **두 가지의 의미**로 정리할 수 있다. **첫 번째는**, '치다 (beat)', '때리다', **두 번째**로는 '(심장의) 고동소리', '(시계의) 똑딱거림', '(피스톤 의) 왕복운동'이라는 뜻을 가지고 있다.

2) 특징

(1) 다리를 일정한 간격으로 뻗고, 닫고 왕복운동 하는 동작들을 통틀어 '***Battement***'이라고 하며, 동작의 특성을 결정짓는 용어들이 덧붙여 사용된다.

> * 예를 들어, Battement Tendu Simple(바뜨망 땅뒤 쌩쁠), Battement Fondu(바뜨망 퐁듀) 등이 있다.

(2) 대부분의 Barre Works의 동작들은 'Battement'을 포함한 동작들이며, 그 종 류는 매우 다양하다.

※ 다음 페이지의 표는 <Battement>의 성격을 가진 동작들을 정리해 둔 것 이다.

	기본형	심화 및 응용형
Battement	Tendu Simple	Tendu pour le Pied Tendu pour Batterie
	Tendu Jeté	Tendu Jeté Piqué Tendu Jeté Balançoire
	Fondu	Double Fondu
	Soutenu	
	Frappé	Double Frappé
	Petit Battement	
	Battu	
	Retiré	
	Relevé Lent	
	Développé	Passé Tombé Balancé Ballotté D'ici-Delà
	Enveloppé	
	Grand Battement Jeté	Pointé Soft Grand Battement Jeté Balancé Arrondi

발레의 용어와 기술

4. Battement Tendu Simple[28] → *Vaganova* Battement Tendu

1) 용어의 정의

'***Battement Tendu Simple**(바뜨망 땅뒤 쎙쁠)*'의 'Tendu'는 '팽팽하게 당겨진, 펴진 (stretched)', 'Simple'은 '보통의', '단순한'의 뜻이다. 그래서 '***Battement Tendu Simple***'은 '가장 기본적인 Battement Tendu(바뜨망 땅뒤)' 라는 뜻을 가진다.

2) 특징

(1) 발바닥이 바닥과 밀착되는 느낌을 충분히 느끼면서 발끝까지 쭉 뻗어 발목의 근력을 강화시키는 동작이다.

(2) Tendu는 Plié 만큼 발레 수업에서 매우 중요한 동작이기 때문에, 기본에 입각하여 정확한 연습이 되어야만 상향된 테크닉이 가능하다.

(3) 발이 1번 포지션과 5번 포지션의 두 가지 방법으로 실시된다.

3) How to do

(1) 처음 학습 때는 발의 1번 포지션으로 연습한 후에, 5번 포지션으로 수행한다.

(2) 1번 포지션에서 할 때.

: Tendu된 다리의 뒤꿈치가 지지하는 다리 뒤꿈치와 서로 일직선이 되도록 한다(※그림 참고).

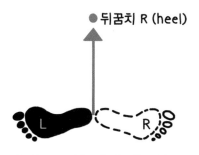

Battement Tendu 1st Position

(3) 5번 포지션에서 할 때.

: 지지하는 다리 뒤꿈치와 Tendu한 다리의 발끝이 서로 일직선이 되게 한다

(※그림 참고).

발끝 R (toe)

Battement Tendu 5th Position

(4) *Devant* 또는 *Derrière*로 할 때.

: 발이 4번 포지션을 거쳐서 나가도록 한다.

Tip	4번 포지션을 끝까지 거치면 저절로 바닥을 밀게(brushing) 된다.

(5) 동작 수행 중에는 무릎 또한 강하게 펴진 채로 한다.

(6) 박자는 정박자와 엇박자 두 가지로 할 수 있다.

발레의 용어와 기술

4-1. Battement Tendu pour le Pied

1) 용어의 정의

'Battement Tendu pour le Pied(바뜨망 땅뒤 뿌 르 삐에)'는 '발을 위한 움직임 (Battement)'이라는 뜻이다. 'Pour le pied'는 '발(Pied)을 위한(pour le~)'이라는 뜻을 가지고 있다.

2) 특징

(1) 발의 정교함을 위한 동작이다.

(2) **세 가지의 방식**으로 동작을 수행할 수 있다.

① Battement Double Tendu(바뜨망 더블 땅뒤)

＊체케티 메소드에서는 **Battement Tendu Relevé(**바뜨망 땅뒤 를르베)라고도 함

② 발목 굴곡(Flexion)

③ Battement Double Tendu with Demi-Plié(바뜨망 더블 땅뒤, 데미-플리에와 함께)

3) How to do

(1) Battement Double Tendu

① Battement Tendu 후에, 뒤꿈치 내리면서 바닥에 닿자마자 바로 다시 Tendu 위치로 돌아온다.

② 뒤꿈치 내릴 때 무게 중심은 서 있는 다리로 계속 유지한다.

③ En Croix로 동작을 수행할 수 있다.

(2) 발목 굴곡(Flexion)

① Battement Tendu 상태에서 발목을 굴곡(flexion)한 후 다시 천천히 편다.

② En Croix로 동작 수행이 가능하다.

(3) *Battememnt Double Tendu with Demi-Plié*

① *Devant & Derrière*

: 발 4번 포지션에서 Demi-Plié를 보여준 후 다시 Battement Tendu 위치로 온다.

② *À la seconde*

: 발 2번 포지션에서 Demi-Plié를 보여준 후 다시 Battement Tendu 위치로 온다.

발레의 용어와 기술

4-2. Battement Tendu pour Batterie

1) 용어의 정의

'Battement Tendu pour Batterie(바뜨망 땅뒤 뿌르 바떼리)'는 'Batterie를 위한 Battement Tendu'라는 뜻으로, 여기서 'Batterie'는 '치다', '때리다(beat)'의 의미이다.

2) 특징

(1) 오로지 Barre Works에서만 수행된다.

(2) Jump Works에서 Battu(바튜)하는 동작을 위한 연습동작이다.

대표적 예로, Entrechat(앙트르샤)[29]와 같은 동작을 위한 연습 동작이다.

3) How to do

(1) Barre에서 움직이는 다리가 À la seconde에서 준비 동작을 하고, 발목을 굴곡한 상태에서 지지하는 다리 앞, 뒤를 날카롭게 때리는 동작으로 여러 번 연속으로 한다.

(2) 골반 흔들거리지 않고 다리로만 움직이게 한다.

5. Battement Soutenu

1) 용어의 정의

'**Soutenu**(스트뉴)'는 '지속적인', '꾸준한' 뜻으로, 'sustained (또는 continuous)'과 같은 뜻을 품고 있다. 그래서 '**Battement Soutenu**(바뜨망 스트뉴)'는 '멈춤이 없는 움직임(Battement)'이라고 할 수 있다.

2) 특징

(1) 멈춤이 없는 동작으로, 동작이 끝날 때까지 지속성을 지닌 동작이다.

(2) 턴 아웃(turn-out)과 다리의 탄력성을 길러준다.

(3) Battement Tendu, Battement Fondu, 혹은 Battement Développé와 함께 구성할 수 있다.

(4) 단계별로 Par terre(빠 떼르), 45°, 90°에서 동작을 수행할 수 있다.

3) How to do

(1) *Par terre*

① Sur le Cou-de pied 없이 하는 방식

② Sur le Cou-de-pied와 함께 하는 방식

> ＊ ①, ②의 방식은 위의 QR 코드를 참고 바람.

(2) 45°& 90°

① Sur le Cou-de-pied와 함께 한다.

② 공중으로 펼쳤던 다리가 바닥에 Battement Tendu가 될 때까지 지지하

고 있는 다리는 Demi-Plié 상태를 유지한다.

(3) 위의 방식 모두 움직이는 다리가 Battement Tendu로 뻗었을 때, 정지가 아닌 발끝을 방향으로 계속 뻗어 준 후, 잡아당기는 듯한 느낌으로 5번 포지션으로 마무리한다.

(4) 두 다리가 동시에 끝나도록 한다.

6. Détourné

1) 용어의 정의

‘Détourné(데뚜르네)’**는 ‘방향을 바꾸어 돌다’라는 뜻으로 풀이된다.

> ✻ 발레 용어에서 ‘Tour(뚜르)’가 포함되어 있으면, ‘회전(turn)’의 의미를 가지고 있다.

2) 특징

(1) 뒷발 쪽으로 회전하는 동작이다.

(2) Sur les Demi-Pointes, Sur les Pointes에서 실시 가능하다.

(3) Barre, 또는 Centre Works에서 반 바퀴(half turn), 한 바퀴(full turn) 모두 가능

하며, 회전을 하고 난 후는 발이 항상 바뀐다.

Point Détourné는 한 다리를 축으로 회전하는 것이 아니기 때문에 En Dehors, En Dedans의 개념을 적용하기에는 조심스럽다. 그래서, 굳이 En Dehors, En Dedans을 적용시킨다면, Barre 의 바깥쪽(En Dehors), Barre쪽(En Dedans)으로 이해하는 것이 더 좋은 방법이라고 본다.

(4) Battement Soutenu와 함께 연결해서 할 수 있다.

3) How to do

(1) 처음에는 Barre에서 연습을 하고, 후에 Centre에서 함께 진행한다.

(2) 동작을 할 때 회전에 앞서 위로 풀 업(pull-up)이 되면서 제자리에서 Relevé

가 먼저 이루어진 후 회전을 한다.

(3) *Barre*의 바깥쪽으로 반 바퀴

: 두 팔이 바로 À la seconde로 열리면서 회전이 이루어진다.

(4) *Barre*쪽으로 반 바퀴

: 두 팔이 1번 포지션을 거쳐서 회전을 한다.

(5) 한 바퀴

: Barre의 바깥쪽(En Dehors), Barre 쪽으로(En Dedans) 모두 팔이 1번 포지션을 거쳐 회전을 한다.

(6) 회전을 할 때는 항상 스팟팅(spotting)[30]을 한다.

7. Battement Tendu Jeté → *Vaganova*
Battement Dégagé → *Cecchetti*
Battement Glissé → *French*

1) 용어의 정의

'*Jeté*(쥬떼)[31]'는 '차다', '던지다', '*Dégagé*(데가제)'는 '빠져 나오다', '제거하다'라는 뜻의 동사 'Dégagér'에서 비롯한 단어로 ' 해방된', '벗어난'이라는 뜻이다. 마지막으로, '*Glissé*(글리쎄)'는 '미끄러지다'의 'Glisser'에서 파생되어 '미끄러지는'의 뜻이다.

2) 특징

(1) 공중에서 발의 스트레칭(stretching)을 강화하고 다리 힘과 움직이는 다리의 가벼움과 민첩성을 증가시키는 동작이다.

(2) Jump Works의 알레그로(allegro) 동작들[32]을 적절한 속도와 정확한 방식으로 할 수 있게 한다.

(3) 실제로 Battement Glissé는 Battement Tendu Jeté, Battement Dégagé와 동작 수행에 있어 약간의 차이가 있는데, Battement Glissé는 Battement Tendu Jeté나 Battement Dégagé 보다 발끝의 위치가 거의 바닥과 가까울 정도로 낮게 수행된다.

3) How to do

(1) 다리의 높이는 25°정도 높이에서 수행한다.

(2) 뒤꿈치까지 바닥을 강하게 밀어내어야 하며, 공중에서 순간의 정지를 보여준다.

(3) 특히, À la seconde 할 때 움직이는 다리가 정확하게 옆(side)으로 뻗어나갈 수 있도록 한다.

(4) 박자는 정박자와 엇박자 두 가지로 할 수 있다.

> ＊ 위의 QR 코드는 <7>의 동작과 <7 -1>의 동작이 하나의 영상으로 구성되어 있다.

7-1. Battement Tendu Jeté Piqué

1) 용어의 정의

'*Piqué*(삐께)'는 '찌르다'의 뜻을 가지고 있다.

2) 특징

(1) 발끝이 바닥에 닿자마자 바로 올라와야 하는 날렵하고, 날카로운 느낌의 동작이다.

(2) Battement Tendu Jeté 또는 Balançoire(발랑수와르) 등 여러 스텝들과 함께 구성할 수 있다.

(3) 액센트(accent)는 '**위**(up)'에 있다.

3) How to do

(1) 25°정도의 높이에서 발끝으로 바닥을 찌르듯이 순간적으로 찍고 바로 원 위치로 되돌아 온다.

Tip	음악의 스타카토(staccato)처럼.

(2) En Croix로 실시한다.

(3) 허벅지의 바깥쪽이 아닌 내전근을 사용하여 가벼운 느낌이 들도록 한다.

(4) 상체가 움직이지 않도록 한다.

(5) 한 방향에서 연속으로 여러 번 실시도 가능하다.

7-2. Battement Tendu Jeté Balançoire(Balancé) Battement Dégagé en Cloche

1) 용어의 정의

'Balançoire(발랑수와르)'는 '그네' 또는 '시소'의 뜻을 가지고 있다.

'Balancé(발랑세)'는 동사형 'Balancer'에서 파생된 형용사로 '흔드는'의 뜻이다. 'Balancé'는 형용사형, 'Balançoire'는 명사형으로 사용되므로 두 용어 모두 사용가능하다.

그러므로 **'Battement Tendu Jeté Balançoire(바뜨망 땅뒤 쥬떼 발랑수와르)'**는 '흔드는 움직임(Battement)'이라는 뜻이다.

다른 용어로는, **'Battement Dégagé en Cloche(바뜨망 데가제 앙 끌로슈)'**라고도 하는데, 'Cloche'는 '종(bell)'의 뜻으로 '종'의 움직임과도 비슷하여 붙여진 이름이다.

2) 특징

(1) '시소(seesaw)', '그네'처럼 앞에서 뒤로, 또는 뒤에서 앞으로 연속적으로 움직이는 동작이다.

(2) 여러 번 반복함으로써 고관절 움직임을 강화시키고, 다리의 민첩성에 효과적인 동작이다.

(3) Battement Tendu Jeté에서 많이 사용된다.

(4) 상체의 움직임이 없이 다리만 수행되는 동작이다.

(5) Devant, Derrière로만 수행가능한 동작이다.

3) How to do

발레의 용어와 기술

(1) 다리가 반드시 Devant, Derrière의 4번 포지션을 거친 후, 1번 포지션을 지나가도록 한다.

(2) 위의 (1)의 과정을 통해 다리의 움직임(swing)이 곡선(round)의 형태가 되도록 한다.

Tip	ⓐ 뒤꿈치로 바닥을 깊게 누르는 느낌으로 끝까지 밀어서 나가면 다리가 곡선의 움직임을 하게 된다. ⓑ 상체의 흔들림이 없도록 한다.

8. Flic-Flac → *Vaganova*
   Fouetté à Terre → *Cecchetti*

1) 용어의 정의

'**Flic-Flac**(플릭-플락)'은 손바닥·채찍 등이 내는 '찰싹찰싹' 소리를 뜻하는 의성어이며, 또 다른 용어로는 '**Fouetté à Terre**(훼떼 아 떼르)'라고 하는데 '바닥을 채찍질(fouetté)하는'의 뜻이다.

2) 특징

(1) 바닥을 할퀴듯 한 느낌의 동작이다.

(2) Battement Tendu Jeté, Battement Fondu, Battement Frappé, 그리고 Battement Développé와 같은 동작들과 함께 사용된다.

(3) Centre Works의 컴비네이션에서도 응용되기도 한다.

(4) 다리가 열린 상태에서 시작하는 동작들과 구성할 수 있다.

(5) 회전없이, 또는 회전의 형태로 동작이 수행된다.

3) How to do

(1) 처음에는 회전 없이 연습하고, 그 후에 반 바퀴(half-turn), 한 바퀴(full-turn)의 순서로 진행한다.

(2) 준비동작은 항상 다리가 열린 상태에서 시작한다.

(3) 발가락으로 바닥을 두 번 때리면서 Sur le Cou-de-pied를 거쳐 다리를 À la seconde로 편다.

Tip	ⓐ Devant, Derrière, 또는 다른 방향으로도 열 수 있다. ⓑ 다리는 반드시 열린 상태로 마무리 되어야 한다. ⓒ 첫 번째 Flic은 Par terre에서, 두 번째 Flac은 Demi-Pointe 에서 한다. ⓓ 회전으로 할 때는 반드시 스팟팅을 해준다.

9. Rond de Jambe par Terre

1) 용어의 정의

'Rond de Jambe par Terre(롱 드 쟝브 빠 떼르)'의 'Rond'는 '원', '동그라미'의 뜻이고, 'de'는 '~의', 'Jambe'는 '다리(leg)', 'par'는 '~에서', 'Terre'는 '바닥(floor)'이라는 뜻을 가지고 있다. 즉, '다리를 바닥에서 돌린다'는 뜻이다.

'Par terre'는 'À terre(아 떼르)'로 표기하기도 하는데, 여기서 'À'는 '~위에'라는 뜻이다.

2) 특징

(1) 골반 움직임의 반경을 넓혀주는 동작이다.

(2) Renversé(랑베르세)[33], Pas de Basque(빠 드 바스크)[34] 등에 도움을 주는 동작이다.

(3) En Dehors과 En Dedans에 대한 학습이 미리 되어 있어야 할 수 있는 동작이다.

3) How to do

(1) 준비 동작(preparation)

① 발 1번 포지션 Demi-Plié에서 시작한다.

② 움직이는 다리가 Battement Tendu Devant에서 À la seconde로 Demi-Rond한다.

Tip	ⓐ 이 부분이 바로 Temps Relevé par Terre(땅 를르베 빠 떼르) 이다. ⓑ 위 QR 코드에서는 준비동작(Temps Relevé par Terre) 없이 바로 본 동작이 시작되며, 81쪽의 QR 코드에서 준비동작(Temps Relevé par Terre) 을 볼 수 있다.

(2) 1번 포지션을 지나면서 정확히 반원(half-circle)을 그린다.

Tip	ⓐ 시계의 12시와 6시 사이에서만 원을 그린다는 이미지(imagery)를 가지고 연습한다면 도움이 될 것이다. ⓑ 동작 수행 과정에서 몸통이 흔들거리지 않도록 한다.

(3) En Dehors할 때

: 움직이는 다리가 Écarté Devant과 Écarté Derrière를 거치면서 완전한 반원을 완성한다.

(4) En Dedans 할 때

: 움직이는 다리가 Écarté Derrière와 Écarté Devant을 거치면서 완전한 반원을 완성한다.

Point	● Rond de Jambe par Terre 할 때는 발끝이 원을 그릴 때 더 멀어진다는 느낌으로 한다. 또한, 무게 중심은 지지하는 다리에 있어야 하며, 움직이는 다리는 가벼운 느낌으로 동작을 수행하도록 한다. ● 동작이 끊임이 없이 물 흐르듯한 느낌으로 한다.

10. Grand Rond de Jambe Jeté → *Vaganova*

1) 용어의 정의

일반적으로 발레 용어에 'Grand(그랑)'이라는 단어가 포함되어 있는 동작들은 가동범위가 큰 동작을 의미한다.

'Grand Rond de Jambe Jeté(그랑 롱드 쟝브 쥬떼)'는 '다리를 Rond(롱드)하면서 크게 던지는 동작'이라고 할 수 있다. 여기서의 'Rond'는 '둥근'의 의미로 해석한다.

2) 특징

(1) Barre에서 고관절 유연성을 위한 연습으로 사용된다.

(2) 보통은 Rond de Jambe par Terre를 할 때 학습한다.

(3) 다리를 강하게 차면서 따라오게 되는 자극을 같이 느끼게 된다.

(4) 연속하여 여러 개를 반복할 수 있다.

(5) En Dehors과 En Dedans으로 할 수 있다.

(6) 다리의 움직임이 '∩'의 형태이다.

3) How to do

(1) 움직이는 다리는 4번 포지션과 1번 포지션을 지나면서(Passé par terre) 앞쪽으로, 또는 뒤쪽으로 45° 높이의 작은 Attitude를 만든다.

(2) 발끝부터 움직이면서 포물선을 그린다.

> **Tip** 이 부분에서 무릎을 들면서 차지 않도록 한다.

(3) En Dehors

: 다리의 이동 경로가 Attitude Devant ⇨ Écarté Devant ⇨ À la seconde ⇨
Écarté Derrière를 지나가도록 한다.(※사진 참고)

Tip	ⓐ 이때 다리의 가장 높은 지점은 Écarté Derrière이다. ⓑ 여기서 다리는 Écarté Devant, Écarté Derrière로 차더라도 　몸 방향은 예외적으로 정면을 유지한다. 　　　　　　　　　　　　　↳ Conditional Position

Grand Rond de Jambe Jeté
(En Dehors)

(4) En Dedans

: En Dehors과 반대로 수행한다.(※사진 참고)

Tip	ⓐ 이때 다리의 가장 높은 지점은 Écarté Devant이다.
	ⓑ 여기서 다리는 Écarté Derrière, Écarté Devant으로 차더라도 몸 방향은 예외적으로 정면을 유지한다.
	└→ Conditional Position

Grand Rond de Jambe Jeté
(En Dedans)

∗ 옆의 QR 코드 영상은 Rond de Jambe par Terre 와
Grand Rond de Jambe Jeté가 함께 구성된 영상이다.

11. Coupé

1) 용어의 정의

'Coupé(꾸뻬)'는 '자르기(cut)'라는 뜻이다.

2) 특징

(1) 움직임 자체는 빠르고 날카로운 특성을 가지는 동작이다.

(2) 독립적인 스텝이 아닌 점프 또는 다른 동작에 대한 추진력을 향상 시킨다.

(3) 몸의 무게 중심을 이동시키는 데 이용되는 연결스텝으로서 한쪽 발이 다른 쪽 발을 자르는 듯한 느낌일 때가 바로 Coupé 동작이라 할 수 있다.

(4) 제자리, 또는 어느 방향으로나 이동하면서 할 수 있다.

3) How to do

(1) Battement Fondu 한 후에, Sur le Cou-de-pied 했던 다리가 지지다리 쪽으로 무게 중심을 옮겨 설 때 강하게 찍으면서 선다.

> | **Tip** | 이 부분이 바로 Coupé이다. |
> | --- | --- |

(2) Tombé(톰베)[35]를 한 후에도, 같은 방법으로 가위로 자르는 듯한 느낌으로 한다.

> | **중요!!** | 간혹 Sur le Cou-de pied와 Coupé를 혼동하는 경우가 종종 있는데 이 두 가지는 엄연히 다른 동작이다.
즉, Sur le Cou-de pied는 '정지자세(position)'이며 Coupé 는 '움직임(action) & 전환(transition)'의 개념이다. |
> | --- | --- |

12. Passé

1) 용어의 정의

'Passé(빠쎄)'는 '지나가다', '통과하다'의 영어 'pass'의 뜻이다.

2) 특징

(1) 다리를 한 위치에서 다른 위치로, 한 포즈에서 다른 포즈로 옮기는 데 사용되는 연결 동작이다.

(2) 단계별로 Par terre, En l'air의 높이(45° & 90°)에서 수행할 수 있다.

(3) Rond de Jambe par Terre, Battement Développé, Grand Battement Jeté Passé(그랑 바뜨망 쥬떼 빠쎄)[36] 등에서 주로 사용된다.

3) How to do

(1) Passé par terre

: 다리가 앞에서 뒤로, 혹은 뒤에서 앞으로 갈 때, 발이 1번 포지션을 거쳐 바닥을 지나간다.

(2) 45°에서 할 경우

: 발끝이 종아리 아래 부분을 지나서 다른 방향으로 다리가 진행된다.

(3) 90°에서 할 경우

: Battement Développé, 혹은 Grand Battement Jeté Devant에서 Derrière 혹은 다른 방향으로 바뀔 때 무릎의 옆 부분을 지나서 간다.

Passé(90°)에서 발끝의 위치

※ Retiré와 Passé의 발끝의 위치를 다시 한번 확인해 보자.

 VS

Retiré   **Passé**

중요!!	실제 교육현장에서는 Retiré를 Passé라고 얘기하는 경우가 종종 있다. 하지만 Passé는 '지나는 과정(action)'이며, Retiré는 '정지 자세(position)' 이기 때문에 구별되어야 한다.

발레의 용어와 기술

※ 다음의 표는 혼동되기 쉬운 발목과 무릎에 사용되는 용어를 재정리 해 놓았다.

용어	위치	특징
Cou-de-pied	발목	1. **Position** 2. 앞, 뒤의 구분이 있다
Passé	무릎 옆	1. **Action** 2. 앞, 뒤의 구분이 없다
Retiré	무릎 (또는 바로 밑)	1. **Position** 2. 앞, 뒤의 구분이 있다
Tire-Bouchon	무릎 위	1. **Action** 2. Tour 할 때만 쓴다 3. 앞으로만 한다

Point 위의 표에서 Tire – Bouchon을 '**Action**'이라고 한 것은 Tire – Bouchon 자체는 '**Position**'이지만 Tour가 같이 수행되기 때문에 '**Action**'이라고 하였다.

13. Pas de Cheval

1) 용어의 정의

'**Pas de Cheval**(빠 드 슈발)'은 '말(horse)의 스텝'이라는 뜻으로, 'Cheval'은 '말
(horse)'을 의미한다.

2) 특징

(1) 말이 땅바닥을 향해 발굽질 하는 것처럼 가볍고 예민한 특징을 지닌 동작
이다.

(2) 동작이 멈춤이 없이 지속적으로 진행되면서 다리의 민첩성을 키워준다.

(3) 메소드에 따라 Sur le Cou-de-pied의 형태가 다르게 동작이 수행되기도 한다.

 Devant일 때만 해당된다. Derrière는 오직 한 가지
포지션으로 한다.

(4) 레벨(level)에 따라 Par terre와 45°에서 할 수 있다.

(5) 한 방향에서 여러 번 반복해서 할 수 있다.

3) How to do

(1) Sur le Cou-de-pied의 형태에 따른 방법

① Conditional Cou-de-pied: 러시아 및 영국 등.

② Wrapped Cou-de-pied: 미국

<※ 위 QR 동영상 참고>

(2) Sur le Cou-de-pied에서 다리를 펼 때 무릎에서 일직선이 되는 위치까지 쭉
길게 펴준다.

(3) 지탱하고 있는 다리는 꼿꼿이 편다.

(4) 45°에서 할 경우, Demi-Pointe에서도 한다.

14. Battement Fondu

1) 용어의 정의

'*Fondu*(퐁듀)'는 '녹는다', '녹아 내린다(sinking down)'라는 뜻이다.

2) 특징

(1) 끊김이 없는 동작이다.

(2) 다리의 힘을 길러줄 뿐만 아니라 움직임에 유연함과 부드러움을 더해 준다.

(3) 점프 동작을 잘 하기 위해서는 매우 중요한 동작이다.

(4) 레벨에 따라 Par terre, 45°, 90°, Battement Double Fondu (바뜨망 더블 퐁듀)의 형태로 연습할 수 있다.

> **Point**
>
> 발레 동작에서 'Fondu'는 세 가지의 의미를 가지고 있다.
>
> ① '녹아내리는' 뜻으로의 의미.(예: 치즈를 연상)
> ② 한 다리로 Plié에 할 때는 Fondu라는 용어를 사용하기도 한다[37].
> (두 다리로 구부리는 것에는 Plié라는 용어를 사용)
> ③ 뒤에 따라오는 다리가 첫 번째 다리보다 조금 천천히 닫히거나 다음동작으로 부드럽게 연결되는 스텝을 설명하는데 사용된다.[38]
> (대표적인 예로, Jeté Fondu(쥬떼 퐁듀)와 Sissonne Fondue(씨쏜 퐁듀)가 있다.)

3) How to do

(1) 45°일 경우

: 지탱하는 다리는 Demi-Plié, 움직이는 다리는 Sur le Cou-de-pied가 동시에

이루어져야 하며, 펼 때도 동시에 펴지도록 한다.

Tip	사실상 동시에 두 다리를 피는 것은 어렵다. 왜냐하면, 지지하는 다리와 움직이는 다리가 펴지는 데는 시간차가 있기 때문이다. 따라서 움직이는 다리가 조금 먼저 나가면서 지탱하는 다리가 펴지는 것이 최대한 동시에 다리를 피는 방법이다.

(2) 90°일 경우

: Conditional Cou-de-pied한 발이 무릎 Retiré을 거쳐서 다리를 편다.

Tip	동작의 느낌은 다르지만 과정은 Développé처럼 한다.

(3) Double Fondu

① 움직이는 다리가 Conditional Cou-de-pied를 할 때, 지지하는 다리는 동시에 Demi-Plié를 한다.

② 두 번째는 지지 다리가 Relevé가 되고, 이때는 팔이 1번 포지션을 만든다.

③ 마지막으로 세 번째에 지지하는 다리가 다시 Demi-Plié가 되면서 움직이는 다리와 함께 피고, 팔은 2번 포지션으로 바뀐다.

15. Battement Frappé

1) 용어의 정의

'***Frappé***(프라뻬)'는 '때리다', '치다', 혹은 '노크하다'의 의미로 영어의 'strike'를 연상하면 쉽게 이해가 될 것이다.

2) 특징

(1) 알레그로에 해당 되는 빠른동작들을 잘하기 위한 연습동작이다.

(2) 다리의 힘을 길러주고, 다리 움직임의 운동성 및 민첩성을 길러준다.

(3) 동작의 액센트는 '***out***(다리를 폈을 때)'에 있다.

 동작의 이미지(imagery cue)는 '마치 탁구공이 왔다 갔다 하는 것 (ping - pong)'과 같다.

(4) 각 메소드별로 Sur le Cou-de-pied 형태도 다르게 실시되는데 바가노바 메소드에서는 감싼(wrapped pointed position)형태로만 실시 된다.

Point 여기서는 Devant의 경우에 한함

3) How to do

(1) 처음에는 두 손 Barre에서, 발끝 바닥(Par terre)으로 연습하고, 후에 공중으로 다리를 들어서 한다.

(2) 준비동작은 항상 다리가 열린 상태(À la seconde)에서 시작한다.

(3) 허벅지는 고정시키고, 무릎 밑의 움직임으로만 한다.

(4) 다리는 강하게 열리지만 다리의 높이, 힘에는 변화가 없게 한다.

(5) 바가노바 메소드

: 감싼 Sur le Cou-de-pied의 형태로 <그림 a>에서 바로 공중으로 뻗어주고, 다시 원래 Sur le Cou-de-pied로 돌아온다.

(6) 체케티 메소드 외

: <그림 b>의 포지션에서 발가락이 바닥을 강하게 밀면서 공중으로 포인 트 하고, 들어올 때는 바닥을 밀지 않고 처음의 Sur le Cou-de-pied 위치로 돌아온다.

(7) *À la seconde*

: Sur le Cou-de-pied를 Devant, Derrière로 번갈아 가면서 하도록 한다.

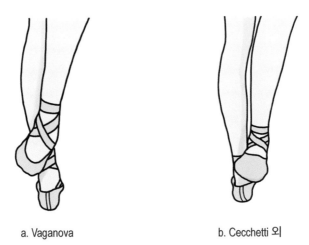

a. Vaganova   b. Cecchetti 외

Battement Frappé에서의 Sur le Cou-de-Pied 형태

16. Petit Battement sur le Cou-de-pied

1) 용어의 정의

'*Petit Battement*(쁘띠 바뜨망)'은 '작게 때린다'는 뜻이다. 여기서 'Petit'는 '작은 (small)'의 뜻이다.

2) 특징

(1) 작게 때리는 Battement으로서 하퇴만 자유롭게 움직임으로써 무릎의 운동 성과 민첩성을 발달시켜 준다.

(2) Entrechat 같은 Batterie 종류의 동작을 위한 연습이라 할 수 있다.

(3) Sur le Cou-de-pied의 형태는 세 가지의 방식으로 할 수 있으며, 바가노바 메소드에서는 감싼 형태로만 동작을 수행한다. (※ 그림 참고)

3) How to do

(1) 처음에는 두 손 Barre를 향해서 연습하고, 후에는 한 손 Barre에서 한다.

(2) 준비동작

: 다리 5번 포지션에서 À la seconde으로 열고 난 후, Sur le Cou-de-pied Devant으로 들어온다.

(3) 본 동작

: 허벅지와 무릎은 고정시키고 다리를 살짝 열었다가 다시 Sur le Cou-de-pied Devant부터 다시 본 동작이 시작된다.

(4) Sur le Cou-de-pied가 Devant, Derrière로 번갈아 가면서 일정하게 움직인다.

Petit Battement 에서의 **Sur le Cou-de-Pied** 형태

17. Battement Battu sur le Cou-de-pied →*Vaganova*
Battement Serré →*French*
Petit Battement sur le Talon

1) 용어의 정의

'Battement Battu sur le Cou-de-pied(바뜨망 바튜 쒸 르 꾸 드 삐에)'는 '발목을 때리는 동작(Battement)'이라고 번역할 수 있다. 여기서 Battu는 영어의 'beat'의 뜻으로, '서로 부딪친다'의 의미를 내포하고 있다.

다른 용어로는 **'Battement Serré(바뜨망 쎄레)'**, 그리고 **'Petit Battement sur le Talon(쁘티 바뜨망 쒸 르 탈롱)'**이라고도 하는데, 여기서 'Serre'는 '촘촘한', 그리고 'Talon'은 '뒤꿈치' 라는 의미를 가지고 있다.

그러므로, **'Battement Serré'**는 '촘촘하게 때리는', **'Petit Battement sur le Talon'**은 '뒤꿈치 쪽에서 작게 때리는 동작(Battement)'이다.

2) 특징

(1) 다리의 발목 부분을 빠르게 톡톡 두드리는(tapping) 동작이다.

(2) Barre Works에서는 주로 Battement Frappé에서 많이 사용하는 동작이며, Centre Works에서도 컴비네이션 중에 사용되기도 한다.

(3) 고전 발레 대표적 레퍼토리인 「Swan Lake」 Act Ⅱ중, Pas de Deux에서 이 동작을 볼 수 있다.

(4) 액센트는 '**in**'에 둔다.

3) How to do

(1) Devant

: Conditional Cou-de-pied로 발목 아래 부분을 때린다.

Battement Battu – Devant

(2) Derrière

: Sur le Cou-de-pied Derrière로 뒤쪽을 때린다.

| Tip | 여기서의 Sur le Cou - de - pied도 낮은 위치이다. |

(3) 시선

: 모두(Devant, Derrière) 안쪽(Barre)을 본다.

(4) 상체는 흔들리지 않도록 하며, 상체는 뒤로 많이 젖힌다.

(5) 때리는 박자가 일정하게 유지한다.

Battement Battu – Derrière

18. Temps Relevé → *Vaganova*

1) 용어의 정의

'*Temps*(땅)'은 '시간', '시제'라는 뜻의 'Tempus(템푸스)'라는 어원에서 유래되었으며, 발레 동작에서는 '움직임(movement)'으로 해석한다.

따라서 발레 수업에서의 '*Temps Relevé*(땅 를르베)'는 '하나의 동작이 다음의 시점으로 상승되는 움직임'의 동작이라 할 수 있다.

2) 특징

(1) Rond de Jambe par Terre, Rond de Jambe en L'air(롱 드 쟝브 앙 레르)의 준비동작으로 주로 사용되며, Grand Tour(그랑 뚜르)[39]를 위한 연결 동작으로도 사용된다.

(2) Battement Fondu 혹은 Battement Frappé에서도 Tour를 위한 연결 동작으로 구성이 가능하다.

(3) 레벨에 따라 Par terre, 45°, 90°에서 할 수 있고, En Dehors와 En Dedans 모두 가능하다.

3) How to do

(1) Par terre, En Dehors

① 다리 1번 포지션에서 시작한다.

② 두 다리가 Demi-Plié를 보여준다.

③ 지지하는 다리는 계속 Demi-Plié를 유지하고, 움직이는 다리는 Battement Tendu Devant을 한다.

④ 움직이는 다리가 À la seconde으로 이어지면서 지지하는 다리도 동시

에 무릎을 편다.

> **Tip** 81쪽의 QR 영상에서 Rond de Jambe par Terre의 시작 전 준비 동작이 바로 Temps Relevé par Terre (땅 를르베 빠 떼르) 이다.

(2) 45°, En Dehors

: Contitional Cou-de-pied한 발끝이 앞쪽으로 작은 Attitude를 보여주고, 곧바로 사선 앞(Écarté Devant) 방향을 지나 완전히 À la seconde 으로 이동한다.

> **Tip** 여기서는 Attitude 라고 했지만, 실제로는 다리가 열린다는 의미이다.

(3) 45°, En Dedans

: Sur le Cou-de-pied 한 발끝이 뒤쪽으로 작은 Attitude를 보여주고, 곧바로 사선 뒤(Écarté Derrière) 방향을 지나 완전히 À la seconde으로 이동한다.

> **Tip** 여기서도 Attitude는 다리가 열린다는 의미이다.

(4) 90°, Grand Temps Relevé(그랑 땅 를르베)

: 45°보다 다리의 높이가 높아지는 것 외에는 하는 동작수행 방법은 같다.

(5) 모든 Temps Relevé는 팔과 다리가 동시에 열려야 한다.

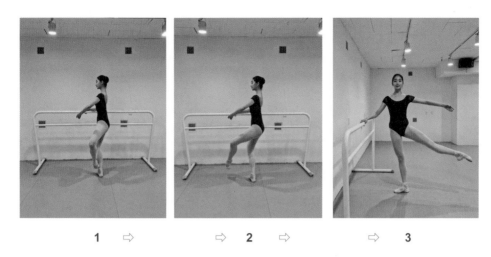

1 ⇨   ⇨ **2** ⇨   ⇨ **3**

Temps Relevé 45°

19. Rond de Jambe en L'air

1) 용어의 정의

'*Rond de Jambe en L'air*(롱 드 쟝브 앙 레르)'는 '공중에서 다리를 돌린다'는 뜻이다. 여기서 'L'air'는 '공기'라는 의미로, 영어의 'air'와 같은 의미이다.

2) 특징

(1) 무릎에서의 발끝까지의 운동성과 민첩성을 발달시킨다.

(2) 45°, 90° 및 그 이상의 높이에서 할 수 있으며, Double로도 할 수 있다.

(3) En Dehors과 En Dedans을 할 수 있다.

(4) 액센트는 '*out*(펴는 것)'에 있다.

(5) Centre Works에서도 가능한 동작이며, Centre Works에서는 Battement Fondu 등과 함께 구성할 수 있다.

3) How to do

(1) 처음에는 이 동작 자체로만 연습하고, 나중에 준비동작인 Temps Relevé와 함께 구성해서 연결한다. (옆의 QR 참고)

(2) 45°일 경우(En Dehors & En Dedans)

: 발끝이 종아리 가운데를 Rond하고 À la seconde으로 편다.

(3) 90°일 경우(En Dehors & En Dedans)

: 발끝이 무릎 가운데를 Rond하고 À la seconde으로 편다.

(4) 90°이상일 경우(En Dehors & En Dedans)

: 발끝이 공중에서 Rond하고 À la seconde으로 편다.

(5) Double인 경우(En Dehors & En Dedans)

: 빠르게 두 번 다 편다.

Tip	메소드에 따라 첫번째 Rond(롱드)는 완전히 펴지 않고 마지막에 펴는 경우도 있다.

20. Battement Retiré
Battement Raccourci → *French*

1) 용어의 정의

I 장의 Basic Concepts 부분에서 이미 Retiré는 언급이 되었다. ***Battement Retiré***(바뜨망 레띠레)'는 Battement과 함께 붙어 'Retiré의 왕복 운동(Battement)'으로 해석할 수 있는데, 여기서의 'Battement'은 앞에서 다룬 내용에 있듯이 '때리다 (beat)'의 의미보다는 '다리의 일정한 움직임'의 의미로 해석한다.

2) 특징

(1) Retiré 자체는 정지 동작(position)이지만 Retiré가 완성되기까지는 움직임 (movement)이 동반된다.

(2) Battement Développé와 점프 동작 중 하나인 Pas de Chat(빠 드 샤)[40]를 위해 선 매우 중요한 연습 동작이다.

(3) 연결 동작으로 훈련이 되어야 Battement Développé 동작을 잘 수행할 수 있다.

3) How to do

(1) 5번 포지션, 앞발부터 시작할 경우

① Conditional Cou-de-pied를 거쳐 Retiré Devant까지 올라간다.

② 무릎 가운데 Passé해서 Retiré Derrière를 거쳐서 내려오면서 5번 포지 션으로 마무리한다.

Tip	Retiré Derrière할 때 발끝이 무릎 뒤가 된다.

(2) 5번 포지션 뒷발부터 시작하게 될 경우

① Sur le Cou-de-pied Derrière를 거쳐 뒷무릎(Retiré Derrière)까지 올라간다.

Tip	Retiré Derrière 할 때 발끝이 무릎 뒤가 된다.

② 무릎 가운데 Passé 해서 Retiré Devant을 거쳐서 그대로 내려오면서 5번
포지션으로 마무리한다.

Point	위의 수행과정(How to do)에서 발끝의 위치는 매우 중요하기 때문에 수업에서 반복적으로 강조 되어야 한다.

21. Battement Relevé Lent[41] → *Vaganova*

1) 용어의 정의

'Battement Relevé Lent(바뜨망 를르베 렁)'은 '느리게 올라가는 동작(Battement)'이라고 할 수 있다. 'Relevé'는 Ⅰ장에서도 언급되었듯이 '올라간', '쳐들린'의 뜻이고, 'Lent'은 '느린', '굼뜬'의 뜻을 가지고 있다.

2) 특징

(1) 멈춤이 없이 지속성 가진 동작이다.

(2) 다리의 강한 근력과 등으로 버티는 힘을 필요로 한다.

(3) 아다지오에서 Battement Développé, Grand Rond de Jambe 등과 함께 주로 사용된다.

(4) 모든 방향에서 가능하다.

3) How to do

(1) 초급과정에서는 45°로 실시한 후, 숙련이 된 후에 90°로 발전시킨다.

(2) 다리 5번 포지션에서 움직이는 다리는 발등과 발가락을 곧게 펴고 (Battement Tendu) 바닥을 밀어내면서 서서히 올라간다.

(3) En Croix로 멈추지 말고 계속 이어서 한다.

(4) 팔은 1번 포지션을 거쳐 À la seconde로 편다.

22. Battement Développé

1) 용어의 정의

'*Développé*(데벨로뻬)'는 '펼쳐진'의 뜻으로, 영어의 'develop'과 같은 의미를 가지고 있다.

2) 특징

(1) 필름을 푸는 행동에서 유래된 동작이다.[42]

(2) 다리를 90° 이상으로 펼칠 수 있다.

(3) 끊임없이 지속적으로 이루어져야 하는 동작이다.

(4) 공중으로 다리를 뻗는 능력이 향상된다.

(5) 아다지오에서 다른 동작들과 함께 연습함으로써 표현력과, 지구력도 향상된다.

(6) Demi-Rond de Jambe 또는 Grand Rond de Jambe, 그리고 Battement Relevé Lent 등과 함께 구성할 수 있다.

3) How to do

(1) 처음 학습할 때는 두 손 Barre에서 연습을 한 후, 한 손 Barre로 옮겨서 한다.

(2) 5번 포지션에서 시작한다.

(3) 다리를 피는 과정에 있어서 반드시 Retiré와 Attitude를 보여 주고 마지막으로 무릎과 발끝이 일직선이 되게 펼친다.

(4) 무게 중심은 서 있는 다리 쪽에 있으며, 펼쳐지는 다리는 멈춤이 없이 계속 이어지게 한다.

(5) Retiré 할 때 발끝의 위치 정확하게 한다.

Tip	발이 앞에서 시작하면 반드시 무릎 앞을 정확히 보여주고, 뒤에서 시작하면 무릎 뒤를 정확하게 보여주고 다음 과정으로 연결되도록 한다.

(6) 다리를 내릴 때는 쉽게 떨어뜨리지 않게, 다리를 천천히 내리도록 한다.

Tip	마치 다리를 내리기 싫은 것 같은 느낌으로 내린다.

22-1. Battement Développé Passé[43]
Passer la Jambe

1) 용어의 정의

'Battement Développé Passé(바뜨망 데벨로뻬 빠쎄)'는 '지나가는(Passé) Développé'
라는 뜻이다.

이 동작은 다른 용어로는 '**Passer la Jambe(빠쎄 라 쟝브)**'라고 하는데 '다리가
지나간다'는 뜻이다.

2) 특징

(1) Développé로 뻗었던 다리가 무릎 옆을 지나서 다른 방향으로 Développé
   되는 것을 말한다.

(2) 이 동작은 Battement Relevé Lent과 연결해서 컴비네이션을 구성할 수 있다.

(3) Passé는 움직이는 과정(Action)이다.

(4) 동작의 액센트는 '**out**(다리를 폈을 때)'에 둔다.

3) How to do

(1) 멈추지 말고 무릎 옆을 지나가면서 다음 방향으로 이어진다

(2) Passé로 이어질 때 무릎의 높이가 떨어지지 않도록 주의한다.

(3) 또한, 상체는 수직으로 세우면서 턴-아웃을 계속 유지한다.

(4) 방향은 어느 방향으로도 다 열 수 있다.

> ＊ 이 동작의 영상은 II. Barre Works 중에서 83쪽의 <12. Passé>의 QR 영상을
>   참고하기 바람.

22-2. Battement Développé Balancé[44] → *Vaganova*

1) 용어의 정의

'**Balancé**(발랑세)'는 '흔들다(swing)'의 뜻.

2) 특징

(1) Battement Développé의 다리가 재빨리 수직 아래로 내렸다가 다시 원래 위치로 돌아오는 동작이다.

(2) 매우 탄탄한 근력을 필요로 하며, 다리의 힘을 길러주고 다리만 따로 움직이는 능력을 길러주는 동작이다.

(3) 동작이 매우 짧고 끊어지는 동작으로 '**quick**(신속한, 재빠른)'의 특성을 가지고 있다.

3) How to do

(1) 처음에는 정면으로 동작을 연습한 후, 각 방향으로도 발전시킨다.

(2) Battement Développé 한 후, 다리를 살짝 내리자마자 재빨리 원래 위치로 올라온다.

> | Tip | Balancé 할 때, 상체가 흔들리면 안 되고,
다리 또한 출렁거리지 않도록 한다. |
> | --- | --- |

(3) En Croix로 수행한다.

22-3. Battement Développé Tombé[45]

1) 용어의 정의

'*Tombé*(톰베)'는 '떨어진', '가라앉는'의 뜻으로 영어의 'fallen'에 해당한다.

2) 특징

(1) 떨어지듯이 몸의 중심을 옮기는 것이다.

(2) Barre Works에서는 아다지오에서 주로 사용된다.

(3) Centre Works에서의 Tombé는 다음 동작의 진행을 위한 예비동작, 또는 점프 동작(특히 Grand Jeté 동작들)의 탄력을 증진시키기 위한 준비동작으로도 사용된다.

(4) Battement Développé 와 함께 연결시켜 하나의 동작으로 수행된다.

3) How to do

(1) 모든 방향에서 가능하지만 처음에는 정면에서 연습하고 방향을 바꿔서 연습한다.

(2) En Avant과 En Arrière로 Tombé 할 때는 상체를 앞으로 살짝 숙였다가 뒤로 더 젖혀주면서 떨어지고, De Côté로 할 때는 Barre쪽으로 살짝 숙였다가 떨어진다.

(3) 뻗은 다리는 바닥에 바로 떨어지지 말고 더 위로 뻗어 내면서 멀리간다.

> **Tip** 다리가 곡선을 그리는 느낌으로, 마치 징검다리를 건너듯이 한다.!!!

(4) 건너갔을 때 상체는 Demi-Plié 한 다리쪽으로 많이 기울인다.

(5) Tendu 된 다리는 발끝을 더 뻗어주면서 재빠르게 원래 위치로 돌아온다.

22-4. Battement Développé Ballotté[46]

1) 용어의 정의

'**Ballotté**(발로떼)'는 '테니스 공을 주고 받는다'라는 어원(ballotter)에서 시작[47]되었으며, '흔들다(rocking)', '요동치다(ballotter)'라는 뜻을 가지고 있다.

2) 특징

(1) Battement Soutenu의 확장된 동작이다.

(2) 등의 움직임이 많이 필요한 동작이다.

(3) 끊어지지 않게 연속성이 중요한 동작이다.

(4) Battement Soutenu의 동작이 완벽히 학습되었을 때 그다음 단계 동작으로 사용한다.

(5) 이 동작은 Devant과 Derrière로만 가능한 동작이다.

(6) Battement Soutenu와의 가장 큰 차이점

① Battement Développé Ballotté는 상체의 움직임이 크다

② Battement Soutenu는 상체의 움직임이 작다.

(7) Barre Works에서는 아다지오와 함께, Centre Works에서의 Battement Développé Ballotté는 여러 스텝과 함께 구성할 수 있으며, 점프 동작의 형태로도 할 수 있게 된다.

3) How to do

(1) Devant

① Battement Développé 과정과 마찬가지로 Retiré 후, 상체 뒤로 많이 젖히면서 다리를 열어준다.

발레의 용어와 기술

② 움직이는 다리가 바닥에 Tendu 될 때까지 지지다리는 계속 Plié를 유지
하고 있다가 동시에 5번 포지션으로 닫는다.

(2) Derrière

① 다리가 먼저 열리면서 상체를 앞으로 많이 숙인다.

② 시선은 손바닥쪽을 바라본다.

③ 움직이는 다리가 바닥에 Tendu 될 때까지 지지다리는 계속 Plié를 유지
하고 있다가 동시에 5번 포지션으로 닫는다.

Devant   Derrière

Battement Développé Ballotté

23. D'ici-Delà[48]

1) 용어의 정의

'D'ici-Delà(디씨-델라)'는 '여기저기', '이쪽저쪽'의 뜻으로, 'D'ici'는 '여기', '이쪽', 'Delà'는 '저기', '저쪽'의 뜻이다.

2) 특징

(1) 다리가 '이쪽저쪽', '재빠르게(quickly) 왔다갔다'하는 동작으로, 재미있는 의미가 담긴 동작이다.

> **Point** 여기서 'quick'의 의미가 매우 중요한 역할을 한다. 동작 수행이 아주 재빠르게 이루어져야 하기 때문이다.

(2) 발레 수업에서 D'ici-Delà는 쉽게 풀어 쓰면 'Battement Développé with (quick) Demi-Rond de Jambe(바뜨망 데벨로뻬 빠른 데미 롱드 드 쟝브와 함께)'이다.

(3) 실제 발레 수업에서는 Battement Développé 동작과 함께 많이 사용되는 매우 어려운 동작이다.

(4) 다리의 힘과 다리를 혼자 움직일 수 있는 능력을 키워준다.

(5) Demi-Rond de Jambe 동작과의 차이점은 다음의 표와 같다.

동작	D'ici-Delà	Demi-Rond de Jambe
차이점	시작 위치와 끝나는 위치가 같다.	시작 위치와 끝나는 위치가 다르다.
예시	Devant → À la seconde → Devant	Devant→ À la seconde
동작의 느낌	재빠르고 신속하다.	부드럽다.

발레의 용어와 기술

3) How to do

(1) 처음 이 동작을 접할 때는 Devant ⇨ À la seconde ⇨ Devant으로 연습한 후, 다른 방향으로 발전시켜 연습한다.

(2) 다리를 움직일 때는 완전히 턴-아웃된 상태로 움직여야 하고, 정확한 90° 의 높이에서 한다.

(3) 상체가 출렁거리지 않게 고정시키고, 아주 짧은 속도로 다리의 움직임으로만 한다.

24. Battement Enveloppé → *French*

1) 용어의 정의

'***Enveloppé***(앙벨로뻬)'는 '에워싸다', '둘러싸다'의 뜻이다. 그러므로, '***Battement Enveloppé***(바뜨망 앙벨로뻬)'는 '에워싸는 동작(Battement)', 혹은 ' 둘러싸는 동작 (Battement)'이다.

2) 특징

(1) Battement Développé를 거꾸로 하는 동작이다.

(2) 펼친 다리가 접히는 동작으로, Battement Développé나 Grand Battement Jeté 동작과 함께 수행되는 경우가 많다.

(3) 이 동작은 발레 고전 작품 바리에이션(Variation)에서도 종종 볼 수 있다. 대표적인 예로, 「La Esmeralda」의 Female Variation, 또는 「Paquita」의 Female Variation 중 'Polonaise'의 동작 중 일부, 또는 「Swan Lake」 중에서 Odette Variation 중에서 볼 수가 있다.

3) How to do

(1) 어느 방향에서 다리가 펼쳐졌든지 간에 무릎을 접어 Retiré 위치로 올 때는 무릎의 높이가 떨어지지 않게 유지한다.

(2) 무릎을 접었을 때 발끝의 위치는 뒤에 따라오는 동작의 특성에 따라 Retiré 가 될 수도 있고, Passé가 되기도 한다.

Battement Développé를 Devant에서 Battement Enveloppé를 거쳐 그대로 5번 포지션으로 마무리 될 경우는 발끝의 위치는 무릎 앞(Retiré)에 붙여야 한다. 반면, Battement Développé를 Devant에서 시작할 경우, 다음의 진행 동작이 Battement Enveloppé를 거쳐 Battement Développé À la seconde로 한다면 이때는 발끝의 위치는 무릎 옆(Passé)이 된다. 그러므로 지금까지 설명한 이 과정은 결국 Battement Développé Passé나 마찬가지이다.

25. Grand Battement Jeté → *Vaganova*
Grand Battement

1) 용어의 정의

'**Grand Battement Jeté(그랑 바뜨망 쥬떼)**'는 '크게 하는 Battement'이란 뜻으로, 다른 메소드에서는 '**Grand Battement**'으로만 쓰기도 한다.

2) 특징

(1) Barre Works의 후반부에 수행되는 동작으로, 다리의 높이가 기본적으로 90°이상이 되는 동작이다.

(2) Grand Battement Jeté의 응용 동작들과 함께 구성할 수 있다.

> ∗ 다음에 이어지는 <25-1>부터 <25-5>까지의 동작들을 말한다.

(3) Centre Works에서 바닥을 밀면서(brushing) 크게 던지는 Grand Jeté와 같은 큰 점프를 위한 연습 동작으로 매우 중요한 동작이다.

(4) 박자는 정박자와 엇박자 두 가지로 사용할 수 있다.

3) How to do

(1) 두 손 Barre에서 À la seconde ⇨ Derrière의 순서로 먼저 연습 한 후, 한 손 Barre에서 Devant으로도 함께 연습한다.

(2) 움직이는 다리가 바닥을 힘껏 밀어서(brushing) 재빨리 차고 가볍게 내려온다.

(3) Devant

: 지지하는 다리는 꼿꼿이 세운 상태를 유지한다.

(4) À la seconde

: 지지하는 다리가 움직이는 다리 쪽으로 따라가지 않게 주의한다.

(5) Derrière

: 다리를 차기 전에 상체가 먼저 기울어지지 않도록 한다.

* 116쪽의 QR은 <25>의 동작과 <25 - 1>의 동작이 하나의 영상으로 구성되어 있다.

25-1. Grand Battement Jeté Pointé → *Vaganova*
Grand Battement Fini Piqué → *French*
Grand Battement Jeté Pointé à Terre → *French*

1) 용어의 정의

'***Grand Battement Jeté Pointé***(그랑 바뜨망 쥬떼 뽀앙뜨)'에서 'Pointé'는 '뾰족한 끝'
이라는 뜻을 가지고 있다.

다른 용어로는, '***Grand Battement Fini Piqué***(그랑 바뜨망 피니 삐께)', 또는 '***Grand
Battement Jeté Pointé à Terre***(그랑 바뜨망 쥬떼 뽀앙뜨 아 떼르)'라고 한다. 'Fini'는 '끝
부분', '완결된'이라는 뜻이다. 영어의 'finish'의 어원인 'fini'와 같은 맥락이다.

2) 특징

(1) 발끝으로 바닥의 끝(end)을 자각하기 위한 동작이다.

(2) 'Piqué'와는 약간의 차이가 있다.

　　① Piqué는 다리가 짧게 찌르는 것(마치 바늘에 찔렸을 때와 같은)으로 동작의
　　　액센트는 '**위**'에 있다.

> ＊ <7-1. Battement Tendu Jeté Piqué> 설명 참고.

　　② Pointé는 액센트가 '**바닥**'에 있다. 그래서 이 동작은 바로 끝점이 바닥
　　　이라 는 것을 알게 해주는 동작이다.

(3) Grand Battement Jeté와 함께 구성할 수 있고 어느 방향으로도 가능하다.

3) How to do

(1) 정확한 턴 -아웃과 상체가 흔들거리지 않는다.

(2) Pointé 하고 다시 Grand Battement Jeté 할 때 무릎이 구부러지지 않도록 한다.

(3) 다리가 내려올 때는 가볍게, 그리고 Pointé 할 때 발끝을 끝까지 보여준다.

(4) En Croix로 수행한다.

25-2. Grand Battement Jeté Passé → *Vaganova*

1) 용어의 정의

Grand Battement Jeté Passé(그랑 바뜨망 쥬떼 빠세)는 '지나가는(Passé) Grand Battement Jeté'이다.

2) 특징

(1) 90°이상의 높이로 수행하는 동작이다.

(2) 90°에서는 무릎 옆을 지나서 다른 방향으로 펼친다.

(3) Rond de Jambe par Terre나 Grand Battement Jeté와 함께 구성된다.

(4) 동작의 액센트는 '***out***(다리를 펼 때)'할 때 둔다.

3) How to do

(1) Passé 할 때 멈추지 않고 재빨리 지나가도록 한다.

(2) 어느 방향으로 열리더라도 턴-아웃을 유지한다.

(3) 시선

: Passé 할 때 시선은 계속 옆으로 고정시킨 상태에서 동작을 수행한다.

※ Grand Battement Jeté Passé에 관한 영상은 83쪽 QR의 Passé 90°의 과정을 참고 하거나 유튜브 영상을 참고하기 바람.

25-3. Soft Grand Battement Jeté → *Vaganova*
Grand Battement Jeté Développé

1) 용어의 정의

'***Soft Grand Battement Jeté**(소프트 그랑 바뜨망 쥬떼)*[49]'는 '부드럽게 하는 Grand Battement Jeté(그랑 바뜨망 쥬떼)'이다.

다른 용어로는 '***Grand Battement Jeté Développé**(그랑 바뜨망 쥬떼 데벨로뻬)*'라고 한다.

2) 특징

(1) 점프 동작 중 Grand Sissonne Ouverte(그랑 씨쏜 우베르트)[50]를 위한 연습 동작이다.

(2) Battement Développé와 비슷한 형태의 동작이지만, ***Grand Battement Jeté**의 **강한 에너지와 Battement Développé의 부드러움을 동시에 가지고 있다는 특성**이 있다.

(3) 동작의 액센트는 '**펴는 것**(out)'에 둔다.

(4) Grand Battement Jeté와 함께 구성할 수 있다.

3) How to do

(1) 지지하는 다리는 Plié 없이 펴진 상태에서 움직이는 다리가 재빨리 부드럽게 Développé 한다.

(2) 처음에는 뒤꿈치 내린 상태에서 연습한 후에 Demi-Pointe와 함께 한다.

(3) 팔과 어깨가 흔들리지 않게 한다.

발레의 용어와 기술

25-4. Grand Battement Arrondi → *French*
Grand Battement en Rond

1) 용어의 정의

'***Grand Battement Arrondi***(그랑 바뜨망 알롱디)'는 '둥글게 굴리는 Grand Battement'이라 할 수 있다. 여기에서 'Arrondi'는 '둥근', '곡선'의 뜻으로 영어의 'round'와 같은 뜻을 가지고 있다.

다른 용어로는 '***Grand Battement en Rond***(그랑 바뜨망 앙 롱드)'라고도 한다.

2) 특징

(1) Grand Rond de Jambe Jeté처럼 '둥근(round)' 형태를 유지하는 동작으로 골반의 강한 힘을 요구하는 동작이다.

(2) Grand Battement Jeté와 함께 구성할 수 있다.

(3) En Dehors과 En Dedans의 형태로 수행된다.

3) How to do

(1) En Dehors

: 움직이는 다리가 Écarté Devant ⇨ À la seconde ⇨ Écarté Derrière를 거쳐 마무리한다.

(2) En Dedans

: 움직이는 다리가 Écarté Derrière ⇨ À la seconde ⇨ Écarté Devant을 거쳐 마무리한다.

(3) 다리의 움직임의 형태가 '∩'모양을 끝까지 유지하도록 한다.

Tip	그래서 'Arrondi' 또는 'Rond'라는 용어가 붙는다.

(4) En Dehors과 En Dedans을 번갈아 연습한다.

(5) 상체의 흔들림이 없이 수행한다.

25-5. Grand Battement Jeté Balancé → *Vaganova*
Grand Battement en Cloche → *French & Cecchetti*

1) 용어의 정의

'***Grand Battement Jeté Balancé***(그랑 바뜨망 쥬떼 발랑세)'는 '흔드는 Grand Battement Jeté'라고 할 수 있다.

여기서 'Balancé'는 '흔드는'의 뜻이며, 'Balançoire'로도 표기한다. 다른 용어로는 '***Grand Battement en Cloche***(그랑 바뜨망 앙 끌로슈)'라고 하며, 'Cloche'는 '종 (bell)'이라는 뜻을 가지고 있다.

2) 특징

(1) Grand Battement Jeté를 Devant, Derrière로 스윙(swing)하듯이 하는 동작이다.

(2) Grand Battement Jeté Balancé는 상체의 움직임이 매우 중요하지만, Grand Battement en Cloche는 상체의 변화가 없이 수행되는 동작이다.

(3) Barre Works에서 Grand Battement Jeté Balancé는 Devant, Derrière로만 수행 가능하지만 Centre Works에서는 À la seconde로만 가능하다.

(4) Grand Battement en Cloche는 À la seconde으로는 수행하지 않는다.

3) How to do

(1) 움직이는 다리가 반드시 1번 포지션을 지나간다.

(2) Devant

: 상체를 뒤로 많이 젖힌다.

(3) Derrière

 : 상체를 앞으로 많이 숙인다.

(4) 여러 번 반복한다.

발레의 용어와 기술

26. Arabesque Penchée

1) 용어의 정의

'**Arabesque Penchée**(아라베스크 팡셰)'[51]는 '기울어진 Arabesque'라는 뜻이다. 여기서 'Penché'는 '기울어진', '경사진', '(몸·고개 따위를) 구부린', '숙인'의 뜻이다.

2) 특징

(1) Barre Works 또는 Centre Works의 아다지오에서 주로 사용된다.

(2) 고도의 집중력과 균형 감각을 필요로 한다.

(3) 발레 주요 작품 중 Grand Pas de Deux에서 자주 볼 수 있다.

(4) 일반적으로 1번, 3번 Arabesque에서 동작을 수행하지만 Barre Works에서는 2번 Arabesque도 가능하다.

3) How to do
(1) 앞으로 내려갈 때

　① 다리가 더 높아지면서 상체를 앞으로 숙인다.

　② 시선은 손끝 멀리 본다.

(2) 원래의 위치로 올라갈 때

　① 다리는 그대로 두고 상체가 먼저 올라온다.

　② 시선은 손끝 멀리 본다.

(3) 지지하는 다리가 뒤로 밀리지 않도록 꼿꼿이 세운다.

Arabesque Penchée

발레의 용어와 기술

27. Limbering
La Jambe sur la Barre

1) 용어의 정의

'**Limbering**(림버링)'은 영어 단어 'Limber'에서 나온 단어로서 '근육이 나긋나긋한', '유연한'의 뜻을 가지고 있다.

다른 용어로는 '**La Jambe sur la Barre**(라 쟝브 쒸 라 바)'라고 하는데, 이것은 'Barre에 다리를'라는 뜻이다.

2) 특징

(1) Barre Works의 가장 마지막 과정이다.

(2) 근육의 이완을 위해 근육을 유연하게 만들어 준다.

3) How to do

(1) 각 방향(Devant, À la seconde, Derrière)에서 할 때 무게중심과, 골반의 정렬을 인지하면서 동작을 수행한다.

(2) Cambré와 함께 다리 근육을 늘리면서(stretching) 몸의 긴장을 풀어준다.

Limbering

28. Détiré → *French*
Pied dans la Main → *French*

1) 용어의 정의

'**Détiré**(데띠레)'는 '쭉 잡아 늘이는', 영어의 'Drawn out(길게 잡아 뽑아내는)'과 같은 뜻으로, 다른 용어로는 '**Pied dans la Main**(삐에 당 라 망)'이라고 하는데 '손(main) 안에(dans la) 발(pied)'이라는 뜻이다.

2) 특징

(1) Barre Works에서 주로 하는 동작으로 다리를 잡고 스트레칭(stretching)하는 동작이다.

(2) 이 동작은 보통 Barre Works의 가장 마지막 단계에서 수행된다.

3) How to do

(1) 어깨가 올라가지 않도록 하고, 특히, Devant 할 때 골반이 비뚤어 지지 않도록 한다.

(2) Devant & À la seconde

: 일반적으로 뒤꿈치를 손으로 붙잡고 스트레칭한다.

(3) Derrière

: 무릎을 접은 상태(Attitude와 비슷한)로 손으로 발을 잡고 스트레칭 한다.

Détiré

발레의 용어와 기술

III
Centre Works

1. Temps Lié

1) 용어의 정의

'Temps Lié(땅 리에)' 는 Ⅱ장의 Temps Relevé(땅 를르베)에서 언급하였듯이 'Temps'은 '시간', '움직임'이라는 뜻이며, 'Lié'는 '연결된'이라는 뜻이다.

따라서 **'Temps Lié'** 는 '연결된 움직임'의 의미를 가진 동작이다.

2) 특징

(1) 동작을 자연스럽게 연결하기 위해 몸의 중심을 옮겨 주는 것, 또는 부드럽게 연결된 일련의 동작들이다.

(2) 팔과 다리의 협응력을 길러주며 아다지오 컴비네이션에서 주로 사용된다.

(3) 레벨에 따라 여러 가지 형태로 구성이 되어 있다.

> ∗ 아래의 형태 외에도 Tour와 함께 하는 형태도 있으나 여기서는
> 세가지 방식만 소개한다.
> ① Par terre
> ② Par terre, 상체와 함께(Cambré)
> ③ 90°

3) How to do

(1) Par terre

① 각 방향(En Avant, De Côté, En Arrière)으로 이동할 때 Tendu한 발끝을 더 뻗어주면서(Glissé)[52] 무게 중심도 재빨리 이동한다.

② 팔도 함께 부드럽게 이어지게 한다.

(2) Par terre, 상체와 함께(Cambré)

① En Avant & En Arrière

: Temps Lié로 이동 후, 상체는 뒤로 많이 젖힌다.

> **Tip** 이때 서있는 다리는 꼿꼿이 세우고, 골반은 계속 위쪽으로 끌어올린다.

② De Côté

㉠ En Dehors

: Temps Lié로 이동 후, Tendu된 다리 쪽으로 상체를 구부린다.

㉡ En Dedans

: Temps Lié로 이동 후, Tendu된 다리의 반대쪽(즉, 서 있는 다리쪽) 으로
상체를 구부린다.

(3) 90° (Grand Temps Lié: 그랑 땅 리에)

① En Avant

㉠ Retiré Devant과 Demi-Plié가 동시에 이루어 진다.

㉡ Retiré Devant 한 다리를 앞쪽으로 쭉 뻗으면서 Demi-Pointe로 이동
하며, 뒷다리는 Attitude를 취한다.

② De Côté

㉠ 뒷다리(Attitude 상태에서)가 5번 포지션으로 들 오면서 바로 Demi-Plié
하고, 반대 다리는 Retiré를 거쳐 À la seconde으로 뻗어준다.

㉡ Demi-Pointe로 이동하며, 반대 다리는 À la seconde, 90°를 보여준다.

③ En Arrière

㉠ Retiré Derrière와 Demi-Plié가 동시에 이루어진다.

㉡ Retiré Derrière 한 다리를 뒷쪽으로 뻗으면서 Demi-Pointe로 이동하
며, 앞다리는 Battement Développé로 연결된다.

발레의 용어와 기술

| 중요!! | Temps Lié는 En Avant ⇨ De Côté, 혹은 En Arrière ⇨ De Côté로 연결해 놓은 하나의 형식이므로 방향이 전환될 때의 연결되는 움직임이 매우 중요하다. |

2. Battement Divisé en Quarts → *Vaganova*
Relevé D'adage[53] par Quart de Tour → *French*

1) 용어의 정의

'***Divisé***(디비제)'는 '나누다', '쪼개다'라는 의미를 가지고 있으며, 영어의 'Divide'와 같은 뜻이다. 또한, '***Quart***(꺄르)'는 '4분의 1'이라는 의미를 가지고 있다.

즉, '***Battement Divisé en Quarts***(바뜨망 디비네 앙 꺄르)'는 '공간을 4분의 1씩 나누면서 하는 Battement'이라 할 수 있다.

다른 용어로는 '***Relevé D'adage par Quart de Tour***(를르베 다다쥬 빠 꺄르 드 뚜르)'라고 한다. 이를 풀어보면 '느린 템포(adage)로 4분의 1씩 회전하면서 상승하는 동작'이라고 할 수 있다.

2) 특징

(1) 오로지 Centre Works에서만 수행되는 동작이다.

(2) 아다지오에서 1/4씩 회전하는 복합적인 움직임 연습을 통해 몸통의 흔들리지 않는 안정성을 키워 주는데 도움을 준다.

(3) 각 방향으로 En Dehors에서 두 가지 방법, En Dedans에서 두 가지 방법으로 동작이 수행된다(How to do 참고).

3) How to do

(1) 각 방향 모두 Battement Développé Devant 또는 Derrière에서 시작 된다.

Tip	À la seconde에서는 시작하지 않는다.

(2) En Dehors, 두 가지 방식

① 앞다리로 시작하는 경우: 몸통과 다리가 함께 회전한다.

② 뒷다리부터 시작하는 경우: 몸통만 회전한다.

(3) En Dedans, 두 가지 방식

① 앞다리로 시작하는 경우: 몸통만 회전한다.

② 뒷다리부터 시작하는 경우: 몸통과 다리가 함께 회전한다.

Point	몸통과 다리가 함께 회전할 경우, 다리는 Demi - Rond de Jambe en L'air를 한다. 몸통만 회전하는 것은 Grand Fouetté[54] 원리와 같다.

3. Pas Balancé
Pas de Valse

1) 용어의 정의

'***Pas Balancé(빠 발랑세)***'는 '흔드는 스텝'이라는 뜻이다. 'Pas'는 '스텝(step)'을 의미하며, 'Balancé'는 '흔들다(rocking)'의 뜻으로, 다른 용어로는 '***Pas de Valse(빠 드 발스)***'라고도 하는데, 여기서 'Valse'는 '왈츠(Waltz)', '왈츠 스텝'을 뜻한다.

2) 특징

(1) 몸의 중심을 다른 발로 옮기면서 하는 스텝이다.

(2) 흔히 왈츠 스텝(Waltz step)으로 잘 알려져 있으며, 4분의 3박자의 음악에 맞춰서 한다.

(3) En Avant, De Côté, En Arrière, En Diagonale 등 다양한 방향에서 실시할 수 있으며, En Tournant(앙 뚜르낭)으로도 동작을 수행할 수 있다.

3) How to do

> ＊ 여기서는 De Côté 만 설명하고, En Tournant은 위의 QR을 참고 바람.

(1) 시작하는 발은 Dégagé를 거쳐서 Fondu로 이어진다.

(2) 따라오는 발은 Sur le Cou-de-pied Derrière를 정확히 보여준다.

> **Tip** 이때 상체를 옆으로 많이 숙여준다.

(3) 뒷 다리가 Demi-Pointe로 서면서 앞다리를 살짝 들었다가 다시 5번 포지션으로 모은다.

(4) 팔은 큰 팔, 작은 팔 등 교사의 재량에 따라 변형하여 사용할 수 있다.

발레의 용어와 기술

4. Pas de Bourrée

1) 용어의 정의

'**Pas de Bourrée(빠 드 부레)**' 특별한 뜻을 가지고 있지 않고, 발레동작에서는 '동작과 동작을 이어주는 스텝'을 의미한다.

'Bourrée'는 프랑스 오베르뉴 지방에서 생겨난 3박자의 경쾌한 춤곡으로서, 후에 궁정에 들어가면서 2박자의 춤곡이 되어 17, 8세기의 작곡에 많이 사용 되었다고 알려져 있다.[55]

2) 특징

(1) 이 동작은 가볍고 잘게 발을 옮겨 놓는 스텝이며, 주로 동작과 동작을 이어주는 역할을 한다.

(2) 모든 Pas de Bourrée 동작은 첫 번째 스텝은 제자리, 두 번째 스텝은 이동하고, 마지막 스텝은 제자리에서 마무리 한다.

(3) 발이 이어지는 형태나 함께 동반되는 동작의 특성에 따라 부가적인 용어가 동반된다(다음의 표를 참고).

	형태
Pas de Bourrée	sans Changer / Changé
	en Tournant
	Dessus / Dessous
	with Ballotté
	with Tombé (Tombé Pas de Bourrée)

＊ 위의 QR에는 Pas de Bourrée의 모든 형태, 즉 〈4-1〉~〈4-6〉까지의 동작들이 하나의 영상으로 구성되어 있다.

4-1. Pas de Bourrée sans Changer

1) 용어의 정의

'*Pas de Bourrée sans Changer*(빠 드 부레 샹 샹제)'는 '발이 바뀌지 않는 Pas de Bourrée'이다. 'Sans'은 '~없이', '~없는'의 의미로, 영어의 'no', 또는 'without'와 같은 뜻이다. 'Changer'는 '바꾸다', '교환하다'의 의미가 있고, 이것을 'Changé'라고 쓰기도 한다.

2) 특징

(1) 발이 바뀌지 않는다는 것은 준비동작으로 시작된 다리가 뒷발일 경우 다시 뒤로 놓으면서 이어 나간다는 의미이다.

(2) Pas de Bourrée Changé를 배우기 전에 학습하는 동작이다.

(3) En Avant, De Côté, En Arrière 등, 이동하면서 하는 동작이다.

(4) 주로 Centre Works의 Battement Fondu나 Rond de Jambe en L'air에서 연결 동작으로 많이 이용한다.

3) How to do

(1) 발 5번 포지션에서 앞다리나, 뒷다리로 시작해서 시작되었던 위치로 다시 다리를 놓으면서 반대쪽 다리는 Sur le Cou-de-pied로 이어진다.

Tip	다리가 Sur le Cou-de-pied로 이어질 때 지지하는 다리는 자르듯이 강하게 찍으면서 서야 하는데 이때가 바로 Pas Coupé(빠 꾸뻬)이다.

(2) 앞다리로 시작할 경우

① 시선은 나가는 쪽 다리와 같은 쪽의 손바닥이며, 팔의 포지션은 낮은 2번 포지션이다.

Tip	체케티 메소드의 Demi - Seconde(드미 - 스공드) 포지션, 또는 R.A.D 메소드의 Demi - Bras(드미 - 브라) 포지션과 비슷한 자세를 말한다.

앞다리로 시작할 때의 시선

② 앞다리가 다시 앞으로 들어오면서 반대 다리는 Sur le Cou-de-pied Derrière로 이어진다.

Tip	여기서는 제자리에서 Pas Coupé 한다.

③ 이어서 Sur le Cou-de-pied Derrière했던 다리가 De Côté로 이동하면서 따라 오는 다리는 Conditional Cou-de-pied로 연결된다.

(3) 뒷다리로 시작할 경우

　① 시선은 나가는쪽 다리와 같은 쪽의 손등이며, 팔의 포지션은 À la
　　 seconde, Allongé(알롱제)이다.

뒷다리로 시작할 때의 시선

　② 뒷다리가 다시 뒤로 들어오면서 반대 다리는 Conditional Cou-de-pied
　　 로 이어진다.

Tip	여기서도 제자리에서 Pas Coupé 한다.

　③ 이어서 Conditional Cou-de-pied했던 다리가 이동하면서 따라오는 다리
　　 는 Sur le Cou-de-pied Derrière로 연결된다.

Point	위의 (2), (3)과정을 하나의 동작으로 연결해서 연습한다.

발레의 용어와 기술

4-2. Pas de Bourrée Changé

1) 용어의 정의

‘Pas de Bourrée Changé(빠 드 부레 샹제)’는 ‘발이 바뀌는 Pas de Bourrée’이다. 여기서 ‘Changé’는 앞의 Pas de Bourrée sans Changer에서 언급했던 것처럼 ‘바꾸다’, ‘교환하다’의 뜻이다. ‘Changé’를 ‘Changer’로 바꾸어 써도 된다.

2) 특징

(1) 발을 바꾸며 하는 스텝으로, 연결동작에서 가장 많이 쓰는 형태이다.

(2) 기본형(Simple)과 리벌스(Reverse)의 형태로 수행가능하다.

> ＊ 여기서 리벌스는 동작을 거꾸로 하는 형태를 말한다.

(3) En Avant, De Côté, En Arrière 등의 방향에서 할 수 있다.

3) How to do

> ＊ 여기서는 기본형의 수행방법만 소개한다.

(1) 준비동작은 오른발 앞으로 5번 포지션에서 오른쪽 다리는 Demi-Plié, 왼쪽 다리는 Sur le Cou-de-pied Derrière이다.

(2) 왼쪽 다리가 Pas Coupé로 제자리 서면서 오른쪽 다리는 Conditional Cou-de-pied를 한다.

(3) 다시 오른쪽 다리는 De Côté로 이동하면서 왼쪽 다리는 Conditional Cou-de-pied를 하고, 다음 동작으로 연결되거나 마무리 동작으로 끝낸다.

4-3. Pas de Bourrée en Tournant

1) 용어의 정의

'Pas de Bourrée en Tournant(빠 드 부레 앙 뚜르낭)'은 '회전하는 Pas de Bourrée'라는 뜻이다.

2) 특징

(1) Pas de Bourrée Changé의 심화형 동작이다.

(2) 기본형과 리벌스의 형태로 수행가능하다.

> * 여기서도 리벌스는 동작을 거꾸로 하는 형태를 말한다.

(3) Renversé(랑베르세)[56]동작을 연결할 때 사용되는 대표적인 동작이다.

(4) 이동하지 않고 제자리에서 수행되는 동작이다.

3) How to do

> * 여기서도 기본형의 수행방법만 소개한다.

(1) 준비 동작은 Pas de Bourrée Changé의 기본형 때와 같다.

(2) 왼쪽 다리가 Pas Coupé로 서면서 오른쪽 다리는 Conditional Cou-de-pied 하면서 몸 방향을 S6번[57] 방향으로 향한다.

(3) 다시 오른쪽 다리는 S4번 방향으로 이동하면서 왼쪽 다리는 Conditional Cou-de-pied를 한 후, 다음 동작으로 연결되거나 마무리 동작으로 끝낸다.

4-4. Pas de Bourrée Dessus-Dessous

1) 용어의 정의

'***Pas de Bourrée Dessus-Dessous***(빠 드 부레 드쒸-드쑤)'는 '앞으로-뒤로 놓는 Pas de Bourrée'라는 뜻이다. 여기서 'Dessus'는 '위에(over)'라는 뜻이며, 'Dessous'는 '아래에(under)'라는 뜻이다.

2) 특징

(1) 발레 동작에서는 Dessus는 '다리를 앞으로', Dessous는 '다리를 뒤로' 모으면서 하는 Pas de Bourrée이다.

> **Point** 앞으로도 Dessus - Dessous(드쒸 - 드쑤)는 종종 등장하게 되는 용어인데, 발레 동작에서 앞으로 다리를 모으거나 뒤로 다리를 모을 때 주로 사용된다.

(2) Pas de Bourrée sans Changer에서 발을 바꾸면서(Changé) 동작을 하면 바로 Dessus-Dessous가 된다.

(3) En Tournant으로도 가능하다.

(4) 일반적으로 이 동작은 Dessus와 Dessous를 하나의 동작처럼 이어서 한다.

3) How to do

(1) Dessus

① 발 5번 포지션에서 뒷다리부터 시작한다.

② 뒷다리가 Sur le Cou-de-pied Derrière를 거쳐 À la seconde로 연다.
   팔은 1번 포지션을 거쳐 2번 포지션 Allongé를 보여주고, 상체는 뒤로 살짝 젖히고, 시선은 다리 À la seconde 쪽과 같은 쪽 손등을 본다.

Dessus의 시작 포즈

③ 다리를 앞쪽으로 놓으면서 반대쪽 다리는 Sur le Cou-de-pied Derrière으
　로 이어지고, 다시 옆으로 한걸음 이동하면서 반대 다리를 Sur le Cou-
　de-pied Derrière로 연결한다.

④ 이어서 다음의 Pas de Bourrée Dessous로 연결하거나 다른 동작으로 연
　결한다.

(2) Dessous

① 앞다리 부터 시작한다.

② 앞 다리가 Conditional Cou-de-pied를 거쳐 À la seconde으로 연다.
　팔은 1번 포지션을 거쳐 2번 포지션, Arrondi로 보여주고, 상체는 아래
　로 살짝 숙이며 시선은 다리 À la seconde 쪽과 같은 쪽 손바닥을 본다.

　　　　　　　　　　　　　　　　　　　　　　　　　발레의 용어와 기술

Dessous의 시작 포즈

③ 다리를 뒤쪽으로 놓으면서 반대쪽 다리는 Conditional Cou-de-pied로
이어지고, 다시 옆으로 한 걸음 이동하면서 반대 다리도 Conditional
Cou-de-pied로 연결한다.

④ 다시 Pas de Bourrée Dessus로 연결하거나 다른 동작으로 연결한다.

4-5. Pas de Bourrée with Ballotté

1) 용어의 정의

'Ballotté(발로떼)'는 '흔드는(rocking)', '요동치는', '가볍게 던지는(tossed)'의 뜻을 가지고 있다.

2) 특징

(1) 가볍게 흔들듯이, 물결이 살랑살랑 움직이는 느낌처럼 하는 동작이다.

(2) Pas de Bourrée sans Changer처럼 발을 바꾸지 않는 스텝이다.

(3) 상체의 움직임이 동반되는 Pas de Bourrée이다.

(4) Croisé, Effacé, En Avant, En Arrière, En Tournant으로 가능하며, De Côté로 는 하지 않는다.

(5) 다리는 Par terre, 혹은 45°높이에서 동작을 수행할 수 있다.

3) How to do

> * 여기서는 Par terre의 방법만 소개한다.

(1) En Avant

① Croisé 방향에서 오른쪽 발 앞에 5번 포지션으로 준비 포즈(pose)한다.

② 오른쪽 다리는 Demi-Plié, 왼쪽다리는 Sur le Cou-de-pied Derrière한다.

③ 왼쪽 다리가 S2 방향으로 Pas Coupé로 하면서 오른쪽 다리는 Conditional Cou-de-pied를 한다.

> **Tip**　이때, 몸 방향은 이동없이 바로 바꾼다.

④ 다시 오른쪽 다리는 S2 방향으로 이동하면서 왼쪽 다리는 Sur le Cou-de-pied Derrière를 한다.

⑤ 왼쪽 다리는 Deml-Plié로 놓으면서 오른쪽 다리는 Conditional Cou-de-pied를 거쳐 S2 방향으로 뻗어준다.

Tip	이때, 상체는 뒤로 젖혀져 있는 상태이다.

En Avant

(2) En Arrière

* 위의 En Avant 과정 후, 계속 이어서 진행한다.

① 오른쪽 다리를 당겨오듯이 잡아 당기면서 Demi-Pointe로 Pas Coupé 하고, 동시에 왼쪽 다리는 Sur le Cou-de-pied Derrière 한다.

② 왼쪽 다리가 S6 방향으로 이동하면서 오른쪽 다리는 Conditional Cou-de-pied를 한다.

③ 오른쪽 다리는 Deml-Plié로 놓으면서 왼쪽 다리는 Sur le Cou-de-pied Derrière를 거쳐 S6 방향으로 뻗어준다.

Tip	이때, 상체는 앞으로 기울여져 있는 상태이다.

En Arrière

4-6. Pas de Bourrée with Tombé

1) 용어의 정의

'*Tombé*(톰베)'는 '가라앉는(fallen)'의 뜻을 가지고 있다.

2) 특징

(1) Tombé 동작 후 Pas de Bourrée로 연결하여 Tour 등 다양한 동작으로 이어지게 한다.

> **Point**   흔히 Tombé - Pas de Bourrée(톰베 - 빠 드 부레)라고 부른다.

(2) 보통 En Diagonale로 진행한다.

(3) En Avant, En Arrière로 동작을 수행한다.

3) How to do

> ＊ 여기서는 En Avant의 수행방법만 소개한다.

① Croisé 오른발 앞에 5번 포지션에서 Demi-Plié로 준비한다.

② 오른쪽 다리는 Conditional Cou-de-pied을 거쳐 앞쪽 사선(En Diagonale) 방향으로 Tendu를 보여 준다.

③ 오른쪽 다리 Demi-Plié를 거쳐 무게 중심 이동되면서 왼쪽 다리가 빠르게 오른쪽 다리를 쫓아 Pas de Bourrée로 연결한다.

> **Tip**   이때의 Pas de Bourrée는 Sur le Cou - de - pied를 거치지 않고 수행한다.

Pas de Bourrée with Tombé
(En Avant)

발레의 용어와 기술

5. Sus-Sous → *Vaganova*
Sous-Sus → *Cecchetti*

1) 용어의 정의

'Sus-Sous(쒸-쑤)'는 '위-아래'라는 뜻이다, 'Sus'는 '위의(over)', 'Sous'는 '아래의(under)'를 의미하는 단어가 합쳐져진 것이다. 체케티 메소드에서는 '**Sous-Sus(쑤-쒸)**'라고 쓰기도 한다.

2) 특징

(1) 몸을 위-아래, 혹은 아래-위로 하는 스텝이다.

(2) 발 5번 포지션 Relevé 상태를 유지하며, 이동 하면서 하는 동작이다.

> **중요!!** 제자리에서 할 때는 그냥 Relevé이다.

(3) Pointe Works(포인트 워크)에서도 많이 사용되는 동작이다.

(4) 주로 En Avant, En Arrière로 수행된다.

3) How to do

(1) En Avant

: 5번 포지션에서 뒤에 있는 발을 적극적으로 사용하여 강하게 튀어 오르듯이 한다.

> **Tip** 이 느낌을 바가노바 메소드에서는 'CKOK (스콕: 러시아어)'이라고 표현하는데, 이것은 영어의 'Hop up'의 의미이다.

(2) En Arrière

: 앞에 놓인 발을 적극적으로 사용하여 튀어 오르듯 한 느낌으로 한다.

Tip	(1)번에서 언급한 'CKOK'의 이미지와 같다.

(3) 어느 방향으로 하더라도 양발은 필히 발 5번 포지션을 계속 유지한다.

(4) 팔 포지션은 교사의 재량에 따라 작은 팔(small), 큰 팔(big) 등 다양하게 구성할 수 있다.

6. Pas Glissade en Tournant

1) 용어의 정의

'***Pas Gliisade en Tournant***(빠 글리싸드 앙 뚜르낭)'은 '미끄러지면서 회전하는 동작'이라는 뜻이다. 'Glissade'는 '미끄러지다'의 'Glisser'에서 파생되어 '미끄러지는'의 뜻이다.

2) 특징

(1) Centre Works 혹은 Pointe Works에서 자주 사용되는 동작이다.

(2) De Côté, 또는 En Diagonale에서 주로 수행 된다.

(3) De Côté로 수행될 때는 반 바퀴(half-turn), 한 바퀴(full-turn)의 형태로 수행 가능하고, 이 동작을 거꾸로(Reverse)로도 할 수 있다.

(4) 반드시 발끝이 미끄러지는 과정을 보여주어야 한다.

> ＊Glissade'라는 뜻이 '미끄러지는'이기 때문이다.

(5) Soutenu en Tournant과는 다른 동작이다.

> **중요!!** 간혹 Pas Glissade en Tournant을 Soutenu en Tournant과 같은 동작으로 생각하는데 Pas Glissade en Tournant은 이동하면서 회전하는 스텝이고, Soutenu en Tournant은 지지하는 다리 쪽으로 당겨오면서 회전하는 스텝이다.

3) How to do

* 여기서는 En Diagonale의 수행방법만 소개한다.

(1) S6번 방향에서 ⇨ S2번 방향으로 진행된다.

(2) Croisé 방향에서 오른발 앞에 5번 포지션, 또는 오른발 앞에 Battement Tendu로 준비 동작 한다.

(3) S2번 방향으로 몸 방향을 바꾸고(사진 참고), 오른쪽 발끝을 더 밀어주면서 (Glissé) 왼쪽 다리가 재빨리 앞으로 모으면서 회전한다.

> **Tip**　발 끝이 미끄러지듯이 이동하기 때문에 'Glissade'라는 용어가 붙여진 것이다.

Pas Glissade en Tournant의

준비자세

(4) 회전한 후, 다음 회전이 진행될 때도 몸 방향이 계속 S2번을 향해 준비 포지션을 보여준 후 이동하면서 회전을 한다.

발레의 용어와 기술

7. Petit pas Jeté en Tournant

1) 용어의 정의

'***Petit pas Jeté en Tournant***(쁘띠 빠 쥬떼 앙 뚜르낭)'은 '작게 회전하면서 Jeté하는 동작'이라는 뜻으로 해석한다.

2) 특징

(1) Centre Works에서는 Demi-Pointe로 수행되고, Jump Works, Pointe Works에서도 자주 사용되는 동작이다.

(2) 주로 여성무용수의 스텝으로 사용된다.

(3) 직선(De Côté)으로 한쪽 다리로 반 바퀴씩 회전하는 동작이다.

(4) En Dehors과 En Dedans을 번갈아 하면서 완전한 회전이 완성된다.

3) How to do

(1) S7에서 S3방향으로 이동

(2) 준비 동작

① 오른발 앞에 5번 포지션, Croisé에서 En Face로 방향이 바뀌면서 두 다리는 Demi-Plié 한다.

② 오른발은 Conditional Cou-de-pied를 거쳐 À la seconde로 한번에 나가고, 팔은 두 팔 1번 포지션을 거쳐 2번 포지션 Allongé를 보여준다.

(3) 본 동작

① À la seconde로 오른쪽 다리를 한 번에 꽂으면서(Piqué) En Dedans으로 반 바퀴 회전한다.

Tip	이때 왼쪽다리는 Sur le Cou - de - pied Derrière가 된다.

② 다시 왼다리가 En Dehors로 반 바퀴 회전한다.

Tip	이때 오른쪽 다리는 Conditional Cou - de - pied가 된다.

(4) 시선은 옆에서 옆으로만 한다.

(5) 연속적으로 실시한다.

(6) 뒷다리로 시작하는 방법(Reverse)도 있다.

Tip	영상에는 앞 다리로 시작하는 방법만 구성되어 있다.

발레의 용어와 기술

8. Renversé

1) 용어의 정의

'*Renversé*(랑베르세)'는 '몸을 뒤로 젖히다'라는 뜻이다.

2) 특징

(1) 상체를 뒤로 젖히는 동작이다.

(2) 클래식 발레를 학습하는데 있어서 가장 어려운 동작들 중 하나라 할 수 있다.

(3) 각 메소드 별로 동작 수행 방법이 다르고 여러 가지 방법으로 할 수 있는 동작이다.

(4) 동작 진행 후, 대부분 Pas de Bourrée en Tournant과 결합되어 다음 동작으로 진행된다.

(5) 동작수행방법으로는 En Dehors에서 2가지 방식, En Dedans에서 2가지 방식이 있다(표 참고).

회전 방향	준비동작
En Dehors	Attitude Croisé Derrière
	Grand Rond de Jambe
En Dedans	Battement Développé Croisé Devant
	4번 Arabesque로

3) How to do

(1) En Dehors

① **Attitude Croisé Derrière로 시작**

○ 상체 살짝 숙였다가 Relevé하면서 상체를 뒤로 젖힌다.

○ Pas de Bourrée en Tournant으로 동작을 마무리 한다.

Renversé - En Dehors

② **Grand Rond de Jambe로 시작**

○ 다리가 À la seconde를 거쳐 한다.

○ Tombé한 다리는 Relevé를 하고, 반대 다리는 Grand Rond de Jambe
을 하면서 상체를 뒤로 젖힌다.

Tip	Grand Rond de Jambe로 할 때는 반드시 À la seconde를 지나 Écarté Derrière를 거쳐야 한다.

○ Pas de Bourrée en Tournant으로 동작을 마무리 한다.

(2) **En Dedans**

① **Battement Développé Croisé Devant으로 시작**

발레의 용어와 기술

ⓐ 상체 살짝 숙였다가 Relevé하면서 몸 방향을 Écarté Devant으로 바꾼다.

ⓑ Pas de Bourrée en Tournant으로 동작을 마무리 한다.

Renversé - En Dedans

② **4번 Arabesque로 시작(Tour 형태)**

ⓐ 4번 Arabesque의 포즈에서 상체를 정확한 Croisé 위치로 바꾼다.

ⓑ 상체를 안쪽 옆으로 많이 기울이면서 뒷다리가 지지하는 다리 쪽으로 Tire-Bouchon을 거쳐 En Dedans로 Tour를 한 후, Écarté Derrière로 본 동작이 끝난다.

	②번의 방식은 Renversé 방식 중에서도 고도의 훈련과 강하게 발달된 신체를 필요로하는 동작이다.

Point	Renversé 후에 이어지는 모든 Pas de Bourrée en Tournant은 이동하지 않고 제자리에서 한다.

9. Tour[58)

1) 용어의 정의

'**Tour**(뚜르)'는 '돌기(turn)', '회전'이라는 뜻이다.

2) 특징

(1) 모든 종류의 Tour는 정확한 신체 정렬(Body alignment)을 필요로 한다.

(2) Tour는 팔의 역할이 굉장히 중요하다.

(3) 형태는 크게 이동없이 제자리에서 하는 Tour, 이동하는 Tour로 분류할 수
   있다(표 참고).

Tour 형태	이동여부
Tire- Bouchon 과 함께	이동 없음
Tour Lent	이동 없음
Grand Tour	이동 없음
Fouetté	이동 없음
Dégagé	이동 있음
Piqué	이동 있음
Chaînés	이동 있음
Sautillé	이동 없음

＊위의 QR에는 Tire- Bouchon 과 Grand Tour의 형태로 구성되어 있다.

3) How to do

(1) Tire- Bouchon과 함께

① En Dehors

㉠ 방향은 Croisé ⇨ Croisé로 한다.

㉡ 4번 포지션에서 두 다리가 바닥을 힘껏 누르면서 앞다리는 Relevé 하고 뒷다리는 곧바로 Tire-Bouchon하면서 Tour 한다.

② En Dedans

㉠ Croisé에서 오른쪽 다리를 Devant으로 Tendu 한다. 팔은 왼팔이 3번 포지션, 오른팔이 2번 포지션을 한다.

㉡ 오른쪽 다리를 Demi-Plié 하면서 왼쪽 다리는 곧게 편다. 팔은 왼팔이 2번 포지션, 오른팔이 2번 포지션을 한다.

㉢ 오른 팔을 앞으로 살짝 밀어내면서 왼쪽 다리가 곧바로 Tire-Bouchon 하면서 Tour 한다.

(2) Grand Tour

① 4번 포지션에서 En Dedans의 준비동작과 같다.
② 두 다리가 바닥을 힘껏 누르면서 En Dedans으로 Attitude, Tour 한다.

Tip	여기서 팔은 큰 팔(Big position), 또는 3번 포지션으로 한다.

9-1. Tour Lent → *Vaganova*
Tour de Promenade → *French*

1) 용어의 정의

'***Tour Lent**(뚜르 렁)*'은 '천천히 돌다'의 뜻으로, 여기서 'Lent'는 '느린'의 의미이다. 다른 용어로는 '***Tour de Promenade**(뚜르 드 프로미나드)*'라고 한다. 'Promenade' 는 '배회', '산책'이라는 뜻을 가지고 있다.

2) 특징

(1) 한 다리를 축으로 하고, Attitude, Arabesque, À la seconde 등의 포즈로 천천히 회전하는 동작이다.

(2) Centre Works의 아다지오 컴비네이션에서 주로 사용된다.

(3) Grand Tour를 위한 기본 훈련 동작이다.

(4) 발레 작품의 Grand Pas de Deux에서 남성 무용수가 여성무용수의 손을 잡고 천천히 회전하는 동작이 대표적 형태라고 볼 수 있다.

(5) En Dehors, En Dedans 모두 가능하다.

(6) 지지하는 다리의 역할이 중요하다.

3) How to do

(1) 발바닥 전체가 바닥에 붙어 있는 상태로 한 지점에서 동작을 수행한다.

(2) 뒤꿈치를 앞쪽으로(En Dedans) 또는 뒤쪽(En Dehors)으로 밀면서 천천히 회전한다.

Tip	뒤꿈치 톱니가 돌아가는 것과 같은 방법으로 움직인다.

매우 중요	◎ **En Dehors**: 상체를 먼저 풀-업(Pull-up) 시킨 후, 지지하는 다리의 뒤꿈치가 뒤쪽으로 움직한다.
	◎ **En Dedans**: 지지하는 다리의 뒤꿈치가 먼저 앞쪽으로 움직인 후, 몸통이 움직인다.

발레의 용어와 기술

9-2. Tour Dégagé → *Vaganova*
Tour Piqué En Dehors → *French*
Step-Over Turns → *U.S.A*
Lame-Duck Turns → *U.S.A*

1) 용어의 정의

'***Tour Dégagé***(뚜르 데가제)'에서 'Dégagé'는 '벗어나다', '제거하다', '분리되다'의 'Dégager'에서 파생되어, '벗어난', '분리된'의 의미를 갖고 있다.

다른 용어로는 '***Tour Piqué En Dehors***(뚜르 삐께 앙 드올)', '***Step-Over Turns***(스텝 오버 턴)', 또는 '***Lame-Duck Turns***(레임 덕 턴)'으로도 불린다. 이 중에서 'Lame-Duck Turns'은 '절름발이(lame) 오리(duck)'라는 뜻으로, 즉, '오리가 다리를 절뚝거리듯이 회전한다'는 재미있는 뜻을 가지고 있는 동작이다.

2) 특징

(1) 대부분 사선(En Diagonale)에서, 혹은 원형(En Manège)으로 연속적으로 이동하면서 실시되는 동작이다.

(2) Soutenu en Tournant(스트뉴 앙 뚜르낭)의 형태와 Piqué-En dehors(삐께 - 앙 드올)이 함께 수행되는 동작이다.

> ＊ 그래서 이 동작을 Tour Piqué En dehors이라고도 하는 것이다.

(3) 이동하는 Tour 형태 중에서 유일하게 시작하는 팔의 포지션이 다르다(사진 참고).

3) How to do

(1) 처음 이 동작을 접할 때는 En Face에서 연습한다.

(2) 첫 번째 스텝에서 지지하는 다리가 Demi-Plié 하면서 반대 다리는 Dégagé 하면서 바로 À la seconde으로 뻗는다(사진 참고).

Tip	ⓐ 이때, Demi - Plié는 한 발짝 정도 이동하면서 수행한다.
	ⓑ 두 팔 포지션은 정확히 À la seconde Allongé이다.

Tour Dégagé의 준비자세

(3) 두 번째 Piqué-En Dehors 할 때는 Dégagé 했던 다리가 Demi-Plié로 지지하고 있는 다리에 바로 5번 포지션으로 모으면서 반대 발은 재빨리 Retiré 하면서 회전한다.

Tip	즉, 제자리에서 동작이 이루어져야 한다.

* 165쪽의 QR은 <9 -2> ~ <9 -5>의 동작이 하나의 영상으로 구성되어 있다.

발레의 용어와 기술

9-3. Tour Piqué

1) 용어의 정의
'*Piqué*(삐께)'는 '찌르는'의 의미이다.

2) 특징
(1) 회전축이 되는 다리가 Plié를 거치기 않고 Demi-Pointe나 Pointe로 곧바로
바닥을 찍으면서 회전하는 동작이다.
(2) En Diagonale에서 혹은 En Manège로 연속적으로 이동하면서 하는 Tour
동작이다.
(3) 일반적으로 Tour Piqué는 En Dedans에서만 실시된다.

3) How to do
(1) 준비자세가 Pas Glissade en Tournant과 같다.

Tour Piqué의 준비자세

(2) 앞에 있는 다리는 Piqué로, 뒷다리는 Retiré Derrière를 하면서 회전한다.

Tip	여기서 Piqué 할 때 몸통은 이미 반바퀴가 회전되어 있는 상태이다.

(3) 숙련된 후에는 한 바퀴(single turn), 두 바퀴(double turn) 등 번갈아 가면서 한다.

9-4. Tour Chaînés Déboulés

1) 용어의 정의

'*Tour Chaînés Déboulés*(뚜르 쉐네 데불레)'는 '쇠사슬이 연속적으로 회전하는', 또는 '쇠사슬이 공이 굴러가는 것과 같은 회전'의 의미를 담고 있다.

즉, 'Chaînés'는 '체인', '쇠사슬'이라는 뜻이다. 그리고, 'Déboulés'는 '공처럼 굴러가는(rolling like a ball)'의 뜻이다. 흔히 'Tour Chaînés'라고 불리는데 이것은 사실 'Tour Chaînés Déboulés'가 정식 명칭이다.

2) 특징

(1) 체인이 감긴 것과 같은 연속적으로 이루어지는 회전동작이다.

(2) 사선에서 혹은 원형으로 이동하면서 진행된다.

(3) 회전이 진행될수록 가속도가 붙어서 마치 사슬이 연결되어서 굴러가는 것과 같은 느낌의 동작이다.

(4) 보통 여자는 Step-Piqué, 남자는 4번 포지션 Demi-Plié를 통해 회전을 진행한다.

(5) 발 포지션은 **완전히 턴 아웃 되지 않은 1번 포지션**이다(그림 참고).

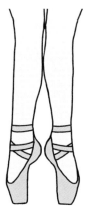

Tour Chaînés Déboulés의
발 포지션

3) How to do

(1) 동작을 처음 익힐 때는 정면으로 반 바퀴씩 회전하면서, 스팟팅 연습과 함께 한다. 숙련된 후에는 En Diagonale로 한다.

(2) 준비 동작은 Pas Glissade en Tournant, Tour Piqué 때와 같다.

(3) 4회 회전을 한 세트로 연속적으로 이어서 한다.

9-5. Tour Fouetté

1) 용어의 정의

'***Tour Fouetté***(뚜르 푸에떼)'는 '채찍질 하는 회전동작'이라는고 할 수 있는데, 여기서 'Fouetté'는 '채찍질 하는'의 뜻이다.

2) 특징

(1) Tour 동작 중 가장 어려운 동작이라 할 수 있다.

(2) 보통 Grand Pas de Deux 중 Coda 부분에서 여성 무용수의 회전 능력을 최대로 보여주는 부분이기도 하며, 주로 Gala(갈라)공연에서는 Coda 부분에서 여성무용수들이 경쟁하듯이 고도의 회전 기술을 보여주기도 한다.

(3) 보통 En Dehors로 많이 한다.

> * En Dedans도 하는 경우도 있으나 너무 어려워서 잘 하지 않는다.

(4) 액센트는 '위로 설 때(회전 할 때)', 혹은 Demi-Plié에 두기도 한다.

3) How to do

(1) 처음 학습할 때는 Barre에서 회전 없이 연습을 하고, 이후 Centre에서 4바퀴, 8바퀴, 16바퀴, 32바퀴로 점차 회전수를 늘려 나간다.

(2) 준비 동작으로 4번 포지션에서 Tour En Dehors 한다.

(3) Temps Relevé 하면서 발끝이 무릎을 두 번(뒤, 앞) 때린다.

> **Tip** 다른 메소드에서는 채찍질 하는 다리가 Devant에서 Demi-Rond de Jambe를 거쳐서 하기도 한다.

9-6. Tour Sautillé

1) 용어의 정의

'***Tour Sautillé***(뚜르 소띠에)'는 'Tour 하면서 깡충깡충 뛰는'으로 해석한다. 여기서 'Sautillé'는 '깡충깡충 뛰다(hop)'의 뜻이다.

2) 특징

(1) 한쪽 다리로 연속적으로 빠르게 홉(hop)하면서 회전하는 동작이다.

(2) 일반적으로 여성은 1번 또는 3번 Arabesque, 또는 Attitude, 남성은 À la seconde에서 주로 실시한다.

(3) 여성의 경우 「Giselle」, Act Ⅱ 중에서 Giselle의 Entrance Variation에서 볼 수 있으며, 남성의 경우는 고전 발레 작품의 Grand Pas de Deux 중, Coda 부분에서 자주 볼 수 있다.

(4) En Dehors, En Dedans이 가능하다.

3) How to do

> ＊ 여기서는 여성의 테크닉을 기준으로 설명한다.

(1) 1번 Arabesque로 Demi-Plié 한다.

Tip	또는 다른 큰 포즈로도 할 수 있다.

(2) 제자리에서 빠르게 홉 하면서 En Dedans으로 Tour한다.

Tour Sautillé - En Dedans

10. Grand Fouetté

1) 용어의 정의

앞의 Tour Fouetté에서 설명한 바와 같이 'Fouetté'는 '채찍질 하는', 또는 '후려 치는(whipped)'의 의미를 갖고 있다.

하지만 이 부분에서 말하는 'Fouetté'는 몸 방향을 바꾸는 동작을 의미한다. 따라서, **'Grand Fouetté(그랑 훼떼)'**는 '몸통을 크게 바꾸는 동작'이라고 할 수 있다.

2) 특징

(1) Centre Works 또는 Pointe Works에서 많이 사용되는 스텝이다.

(2) 몸통만 바꾸는 동작이다.

(3) 대표적으로 다음과 같은 형태의 Grand Fouetté가 있다.

> ① En Effacé
>
> ② En Tournant
>
> ③ En Italian

> * 위의 QR에는 위의 세가지 형태의 **Grand Fouetté**, 즉
> 〈10-1〉~〈10-3〉의 동작이 하나의 영상으로 구성되어 있다.

10-1. Grand Fouetté en Effacé → *vaganova*

> * <10-1> ~ <10-3> 에서는 용어의 정의는 생략하고 동작의 특징과
> 수행방법(How to do)만 소개한다.

1) 특징

(1) 이 동작은 Effacé Devant에서 시작해서 Effacé Derrière로 끝나거나, 그 반대로 끝나는 움직임이다.

(2) En Dehors과 En Dedans 할 때 Port de Bras가 다르게 수행된다.

(3) 「Don Quixote」 Act II 중 Dulcinea Variation의 앞부분에서 이 동작을 볼 수 있다.

2) How to do

(1) En Dedans

① 오른쪽 다리는 S2 방향, Attitude Devant을 한다.

> **Tip** 몸통과 얼굴은 앞 다리(Attitude한 다리)쪽으로 기울어지는데,
> 이때 자신의 발끝에 귀를 대고 있는 듯 한 느낌으로 동작을 해
> 본다면 동작의 특성을 잘 살릴 수 있다.

② 왼쪽 다리는 Demi-Plié로 몸 방향은 S2 방향을 향한다. 팔은 왼팔은 1번 포지션, 오른팔은 2번 포지션이다.

③ 왼쪽 다리는 바로 Relevé로 서면서 몸 방향은 En Face, 오른쪽 다리는 À la seconde으로 바뀐다. 또한, 왼팔은 3번 포지션으로 바뀐다.

④ 마지막으로 몸 방향이 S8 방향으로 바뀌면서 오른쪽 다리는 Attitude Derrière, 왼쪽다리는 Demi-Plié를 한다. 그리고 팔은 오른손이 3번 포지션, 왼손이 2번 포지션을 취한다.

En Dedans

(2) En Dehors

① 오른쪽 다리는 Attitude Derrière로 S4 방향을 향한다.

② 왼쪽 다리는 Demi-Plié로 몸 방향은 S8 방향을 향한다. 팔은 오른팔은 1
번 포지션, 왼팔은 2번 포지션이다.

> **Tip** 이때 상체는 Cambré 하듯이 뒷다리 쪽으로 많이 구부린다.

③ 왼쪽 다리는 바로 Relevé로 서면서 몸 방향은 En Face, 오른쪽 다리는
À la seconde로 바뀐다. 두 팔은 2번 포지션을 한다.

④ 마지막으로 몸 방향이 S2 방향으로 바뀌면서 왼쪽 다리는 Demi-Plié 오
른쪽 다리는 Effacé Devant을 유지한다. 그리고 팔은 오른손이 2번 포
지션, 왼손이 3번 포지션을 취한다.

발레의 용어와 기술

En Dehors

중요!!	여기서 En Dedans을 먼저 언급한 이유는 다리의 축의 움직임을 기준으로 분류했기 때문에 우리가 기존에 알고 있던 En Dehors이 En Dedans이 되는 것이다.

10-2. Grand Fouetté en Tournant

1) 특징

(1) Demi-Pointes, Sur les Pointes의 형태로 할 수 있으며, 이후에는 Sauté 형태로도 가능한 동작이다.

(2) 기본형은 En Dedans에서 하며, 마무리 동작은 1번~4번 Arabesque, 그리고 Croisé, Effacé에서 동작을 마무리 할 수 있다.

(3) 준비동작은 다리 포지션이 À la seconde, 1번 Arabesque, Écarté Devant 등으로 다양하게 할 수 있다.

2) How to do

(1) Écarté Devant으로 오른쪽 다리가 Développé 하고, S6 방향으로 몸 방향을 바꾸면서 Grand Battement Devant을 한다.

Tip	Relevé 상태에서 방향을 바꾼다.

(2) 상체는 뒤로 살짝 Cambré 하듯이 젖히면서 S2 방향으로 바꾼다.

10-3. Grand Fouetté en Italian
Italian Fouetté

1) 특징

(1) 이탈리아 학파(Cecchetti Method)에서 유래된 동작이다.

> *그래서 동작이름에 Italian(이탈리안)라는 용어가 함께 하는 것이다.

(2) 여자무용수의 동작이다.

(3) 기본형은 En Dedans에서 하며, 다리 포지션이 À la seconde 또는 Écarté Devant에서 동작이 시작된다.

(4) 강한 체력과 근력이 필요한 동작이다.

(5) 여러 번 연속적으로 수행 가능한 동작이다.

(6) Pointe Works에서도 자주 사용되는 동작이다.

(7) 대표적으로 「Copellia」 중 Swanilda Variation에서 이 동작을 볼 수 있다.

2) How to do

(1) 오른쪽 다리가 Développé, Écarté Devant으로 시작한다.

(2) S6 방향으로 몸방향을 바꾸면서 오른쪽 다리가 1번 포지션을 지나 Grand Battement Devant을 보여준다.

(3) 반 바퀴 돌면서 오른쪽 다리는 Attitude를 한다.

Tip	팔은 교사의 재량에 따라 바깥쪽 팔이 3번 포지션이 되거나 안쪽 팔이 3번 포지션을 할 수 있다.

IV
Jump Works

1. Temps Levé → *Vaganova*
   Temps Sauté
   Sauté

1) 용어의 정의

'***Temps Levé***(땅 르베)'는 '시간', '시점', 또는 '움직임'이라는 의미의 'Temps'과 '올리다', '들다' 등의 의미를 가진 'Lever'에서 파생된 'Levé'가 합쳐진 것으로, 즉, '도약하는 움직임'이라는 뜻이다. 다른 용어로는 '***Temps Sauté***(땅 쏘떼)', 또는 '***Sauté***(쏘떼)'라고도 하는데 Sauté는 '오르다'라는 동사 'Sauter'에서 파생되어 '뛰어 오르다'라는 뜻으로 점프 동작을 일컫는 용어로 사용된다.

2) 특징

(1) 제자리에서 수직으로 도약하는 점프이다.

(2) 두 다리(two legs), 혹은 한 다리(one leg)로 도약하는 점프이다.

> **Point**
> - 한 다리로 하는 Temps Levé의 대표적 예로는 Pas Jeté Temps Levé(빠 쥬떼 땅 르베)가 있다.
> - R.A.D. 메소드에서는 5번 포지션으로 Temps Levé를 하는 경우 이 동작을 'Soubresaut(쑤브르쏘)[59] 라고 한다.

(3) 같은 발에서 같은 발로 착지 되는 점프이다.

(4) 스몰 점프(Small jump)의 컴비네이션에서 주로 사용된다.

(5) 1번, 2번, 4번, 5번 포지션에서 한다.

3) How to do

(1) 도약 직전까지 Demi-Plié가 끊어짐이 없어야 한다.

(2) 도약할 때 발끝의 포인트(Pointe)를 유지한다.

(3) 수직으로 도약하며, 상체가 앞, 뒤로 넘어가지 않도록 한다.

(4) 착지 시에도 상체 및 다리의 정렬을 유지한다.

(5) 5번 포지션의 경우 공중에서 두 다리를 반드시 모아준다.

Point	• 뒤꿈치가 바닥에서 들리지 않도록 주의해야 한다. • 모든 점프 동작에서 도약 직전의 Demi - Plié는 구름판과 같은 역할을 한다. • 모든 점프 동작들은 Battement Fondu 연습이 필수적이다.

2. Changement de Pieds

1) 용어의 정의

'*Changement de Pieds*(샹즈망 드 삐에)'는 '발을 바꾸다'라는 뜻이다.

2) 특징

(1) 발 5번 포지션에서 수직으로 도약해서 착치하면서 발이 바뀌는 점프 동작이다.

(2) Petit Changement de Pieds(쁘띠 샹즈망 드 삐에) 와 Grand Changement de Pieds(그랑 샹즈망 드 삐에)의 두 가지 방식이 있다.

(3) 여러 개를 이어서 할 수 있으며, 방향 또한 바꾸면서도 가능하다(En Tournant).

(4) 메소드별로 수행 방식이 다르다.

> ＊ 다음의 How to do 참고

3) How to do

(1) Petit Changement de Pieds

① 바가노바 메소드

: 발 5번 포지션에서 바닥에서 가볍게 뛰면서 공중서 5번 포지션을 최대한 보여주고 발을 바꾸면서 착지한다.

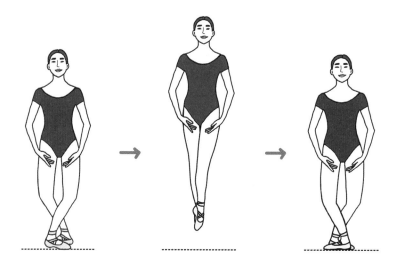

Petit Changement de Pieds

② 체케티 메소드 외

: 발 5번 포지션에서 바닥에서 가볍게 뛰면서 공중에서 다리를 살짝 열고 발을 바꾸면서 착지한다.

(2) Grand Changement de Pieds

① 바가노바 메소드

: Petit Changement de Pieds와 수행 방법은 같으나 점프의 높이가 더 높아진다.

② 체케티 메소드

: 공중에서 두 무릎을 구부리면서 뛴다.

Tip	이 방식을 다른 용어로 'Italian Changement(이탈리안 샹즈망)', 또는 'Retiré en l'air(레띠레 앙 레르)'라고도 한다.

발레의 용어와 기술

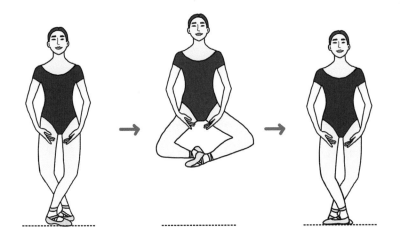

Grand Changement de Pieds
(Italian)

3. Pas Échappé

1) 용어의 정의

'**Pas Échappé**(빠 에샤뻬)'는 '피하다', '벗어나다'의 뜻을 가지며, 영어의 'escape'의 의미와 같다.

2) 특징

(1) 가볍게 뛰는 방식(Petit) 방식과 높이 뛰는(Grand) 두 가지 방식이 있다.

(2) Pointe Works에서도 같은 용어로 사용되지만, 점프의 형태가 아닌 Sur les Pointes 형태이다.

(3) 2번, 4번 포지션 형태의 Pas Échappé가 있다.

(4) 다양한 방향으로, 그리고 En Tournant의 형태로도 수행이 가능하다.

(5) 상급과정에서는 Battu와 함께 할 수 있다.

(6) 두 다리로 착지, 또는 한 다리로 착지하는 형태가 있다.

3) How to do
(1) 2번 포지션에서의 형태

① Petit: 가볍게 뛰면서 공중에서 발 5번 포지션을 보여 준다.

> **Tip** 메소드에 따라서는 공중에서 5번 포지션을 거치지 않고 바로 2번 포지션 으로 열리는 경우도 있다.

② Grand: 높이 뛰면서 반드시 발이 공중에서 5번 포지션을 보여 준다.

③ 발이 2번 포지션으로 착지 후, 다시 한번 뛰어오르면서 5번 포지션으로 착지한다.

> **Tip** 이때 발은 바뀌면서 끝난다.

(2) 4번 포지션에서의 형태

① Croisé나 Effacé의 방향에서 동작을 수행한다.

② 공중에서 발이 5번 포지션 보여주고 4번 포지션으로 착지한다.

Tip	이때 4번 포지션의 두 다리가 벌어지지 않도록 주의한다.

③ 다시 한번 뛰어 오르면서 5번 포지션으로 착지한다.

Point	여기서는 소개되지 않았지만, Pas Échappé가 한 다리로 착지하는 경우 (Sur le Cou - de - pied 와 함께), 다음의 세 가지 방식으로 최종 마무리 된다. ① 5번 포지션 ② Assemblé ③ Coupé - Assemblé

4. Pas de Basque

1) 용어의 정의

'*Pas de Basque*(빠 드 바스크)'는 스페인의 '바스크 지방의 스텝'이다.

2) 특징

(1) 스페인 바스크 지방의 민속무용으로서 이전에는 '*Pas de Russe*(빠 드 뤼스)' 라고 불렸다.[60]

(2) 후에, 클래식 발레에서 양식화 하였으며, 다른 민속무용에도 종종 등장하는 스텝이라 할 수 있다.

(3) 움직임의 코디네이션(협응력)을 길러주며, 이를 통해 예술성을 증진시킨다.

(4) 방향은 En Dehors, En Dedans, 그리고 En Tournant으로 할 수 있다.

(5) Dégagé, Demi-Rond de Jambe par Terre, 그리고 Chassé[61]로 구성된 스텝이다.

(6) 박자는 못갖춘마디로 시작한다.

3) How to do

(1) En Dehors, 앞 다리로 시작

① Croisé 방향에서 두 다리 Demi-Plié 한다.

② 앞 다리는 Tendu Devant을 보여주고, 두 팔은 1번 포지션, 머리는 살짝 기울이며, 시선은 손바닥을 본다.

③ 앞 다리가 Demi-Rond Jambe par Terre를 거쳐 À la seconde까지 이어지고, 머리는 지지다리 쪽에 남아 있고, 팔은 2번 포지션으로 연다.

④ De Côté로 점프하면서 지지하는 다리는 1번 포지션을 지나간다.

Tip	1번 포지션을 거쳐가는 것은 매우 중요한 부분이다.

발레의 용어와 기술

⑤ 1번 포지션을 지난 다리는 앞으로 Tendu Devant을 보여주고 팔도 함께 1번 포지션을 만든다.

⑥ Chassé 하면서 En Avant으로 이동하며 끝낸다.

(2) En Dedans, 뒷 다리로 시작

① Croisé 방향에서 두 다리 Demi-Plié 한다.

② 뒷다리는 Tendu Derrière를 보여주고, 두 팔은 1번 포지션, 머리는 살짝 기울이며, 시선은 손바닥을 본다.

③ 뒷 다리가 Demi-Rond Jambe par Terre를 거쳐 À la seconde까지 이어지고, 머리는 움직이는 다리 쪽에 있고, 팔은 2번 포지션, Allongé로 연다.

Tip	En Dehors과 달리 시선과 팔 포지션이 달라진다.

④ De Côté로 점프하면서 지지하는 다리는 1번 포지션을 지나간다.

⑤ 1번 포지션을 지난 다리는 뒤로 Tendu Derrière를 보여주고 팔도 함께 1번 포지션을 만든다.

⑥ Chassé 하면서 En Arrière로 이동하며 끝낸다.

5. Pas de Chat
Saut de Chat

1) 용어의 정의

'**Pas de Chat**(빠 드 샤)'는 '고양이 스텝'이라는 뜻이다. 여기서 'Chat'는 '고양이'를 의미한다. 다른 용어로는 '**Saut de Chat**(쏘 드 샤)'이며, '고양이 점프'라는 뜻이다.

2) 특징

(1) 메소드 별로 용어 사용이 다르다.

(2) Petit와 Grand의 형태가 있다.

(3) Petit의 형태는 스몰 점프나 미들 점프(Middle jump)의 컴비네이션에서 주로 사용되며, Grand의 형태는 그랑 점프(Grand jump)에서 사용된다.

(4) En Avant, De Côté, En Arrière로 동작 수행이 가능하다.

3) How to to

(1) En Avant

① 5번 포지션에서 시작해서 5번 포지션으로 끝낸다.

② 두 다리가 공중에 Retiré 포지션으로 떠 있다가 거의 동시에 착지한다.

Tip	다리가 순차적으로 착지 되는 경우가 종종 있는데, 반드시 두 다리가 동시에 착지 될 수 있도록 한다.

발레의 용어와 기술

- - - - - - - - - - - -

Pas de Chat - En Avant

③ **Grand Pas de Chat**(그랑 빠 드 샤)

: 첫 번째 도약하는 다리가 Développé를 거치면서 두 다리를 공중에서

완전히 쭉 핀다.

Tip	ⓐ 이 동작은 특히, 바가노바 메소드에서는 'Grand Pas de Chat', 그리고 미국쪽에서는 'Saut de Chat'라는 용어를 사용한다.
	ⓑ 선행동작(Gissade, Sissonne Tombée Pas de Bourrée)들과 함께 한다.

- - - - - - - - - - - -

Grand Pas de Chat - En Avant

(2) De Côté

① 다리를 À la seconde로 피면서 차후에 오는 다리는 공중에서 Retiré를
보여준다.

Tip	이 동작은 공중에 다리를 필 때 Développé로 피는 경우도 있다.

② 두 다리가 동시에 5번 포지션으로 착지한다.

Grand Pas de Chat - De Côté

(3) En Arrière(192쪽 QR 참고)

① 두 다리가 공중에서 뒤로 Attitude를 보여준다.

② 상체는 뒤로 많이 젖힌다.

③ 두 다리가 거의 동시에 5번 포지션으로 착지한다.

발레의 용어와 기술

Point	● 일반적으로 Pas de Chat 와 Saut de Chat가 다른 동작들이라고 알고 있지만, 결론적으로, 여기서 설명한 Pas de Chat 동작들은 모두 Saut de Chat라는 용어를 사용해도 무방하다. ● 최근에 소셜 미디어 등에서 Grand Pas de Chat - De Côté(그랑 빠 드 샤 - 드 꼬떼)를 'Pas de Balanchine(빠 드 발란쉰)'이라고 하는 경우를 보았는데 이것의 출처는 찾기 어렵지만, 아마도 'George Balanchine(조지 발란쉰)'의 테크닉(technique)에서 비롯되었을 가능성이 크기 때문으로 사료된다.

6. Batteries

1) 용어의 정의

Batteries(바뜨리)'는 '부딪치다', '때리다' 등의 뜻을 가지고 있다. 발레 동작에서는 발이 서로 부딪히는 동작을 일컫는다.

2) 특징

(1) 공중에서 뛰어올라 정지하는 동안 다리가 한번 또는 여러 번 교차 되거나 부딪치는 동작을 통틀어 말한다.

(2) Petit Batteries(쁘띠 바뜨리)에는 Royale(로얄), Entrechat(앙트르샤), Brisé(브리제), Jeté Battu(쥬테 바튜), Assemblé Battu(아쌈블레 바튜), Échappé Battu(에쌰뻬 바튜) 등이 있고, Grand Batteries(그랑 바뜨리)에는 Grand Assemblé Battu(그랑 아쌈블레 바튜), Cabriole(캬브리올) 등이 있다.[62]

(3) Batteries 동작들은 처음부터 Centre에서 하기 어렵기 때문에 먼저 두 손 Barre에서 연습하고 Centre로 옮겨서 하는 것이 효과적이다.

7. Élévation

1) 용어의 정의

'Élévation(엘레바씨옹)' 은 '공중도약'이라는 의미이다.

2) 특징

(1) 무용수의 높이를 묘사할 때 사용되는 용어이다.

(2) Ballon(발롱)처럼 지속적인 것과 Grand Jeté 형태의 큰 점프들 처럼 높이 뛰는 힘을 보이는 동작들이 있다.

8. Entrechat

1) 용어의 정의

'***Entrechat**(앙트르샤)*'는 '직물을 짜다'라는 이탈리아어 'intreciarre(인트레치아레)'에서 파생된 것으로, 발레에서는 '공중에 도약해서 두 발을 엇갈리게 하는 동작'으로 해석한다.

2) 특징

(1) 공중에서 양발을 서로 교차시키는 동작이다.

(2) 발이 교차하는 횟수에 따라 숫자를 동반한다.

> * 예를 들면, Entrechat - Trois(앙트르샤 - 트로아), Entrechat - Quatre (앙트르샤 - 꺄프르)등이 있다.

(3) 한 다리로 착지하거나 두 다리로 착지하는 경우가 있다.

(4) 착지 시 발이 바뀌는 경우, 바뀌지 않는 경우, 몸 방향이 바뀌거나 바뀌지 않는 경우가 있다.

(5) Entrechat 형태의 동작들은 종아리를 교차한다.

> *다음의 이어지는 동작들이 Entrechat의 대표적인 것들이다.

8-1. Royale
Changement Battu → *R.A.D*

1) 용어의 정의

전해 내려오는 바에 의하면, '***Royale*(로얄)**'은 프랑스의 루이 14세 국왕의 이름에서 유래되었다. 그래서 '황제의 점프'라고도 한다.

그는 Entrechat-Quatre 동작이 너무 어려워서 이것을 대신 할 수 있는 것으로 이 동작을 고안해 냈다고 한다.[63]

다른 용어로는, '***Changement Battu*(샹즈망 바튜)**'라고 한다.

2) 특징

(1) 스몰 점프 컴비네이션에서 많이 사용되는 동작이다.

(2) 두 다리로 착지하고, 몸 방향이 바뀌는 점프 동작이다.

(3) 공중에서 다리를 교차(beat)할 때 발이 바뀌지 않고 그대로 교차한다.

(4) Changement de Pieds에서 Battu가 첨가된 동작이다.

> ＊ 그래서 'Changement Battu' 라고 하는 것이다.

3) How to to

(1) 처음에 학습할 때는 두 손 Barre를 잡고 연습한 후, Centre에서 실시한다.

(2) 오른발을 앞에 5번 포지션으로 두고, Croisé에서 공중으로 도약할 때 몸방향은 정면으로 바꾸면서 다리가 옆으로 열었다가 그대로 교차 된다.

> **Tip** 다리가 교차 될 때는 종아리가 부딪히도록 한다.

(3) 착지 시에는 몸 방향이 바뀌면서, 왼발이 앞에 5번 포지션으로 끝난다.

Tip 예를 들면, S8번 방향에서 시작해서 공중 도약했을 때는 S1번, 그리고 S2번으로 착지된다.

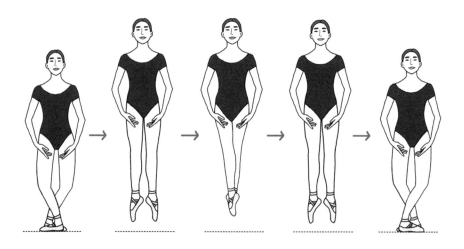

Royale

* 위의 그림은 몸 방향은 고려되지 않았고, 다리의 교차 방식에 우선을 두었다.

Point 일반적으로 'Royale'은 Entrechat 계열의 동작들과 따로 분류해서 설명하고 있는 자료들이 많지만, 특징이나 수행 방법들을 살펴보면 Entrechat 계열의 동작들과 연관성이 깊어 동작의 이해를 위해 여기서는 Entrechat에 포함시켰다.

8-2. Entrechat-Trois

1) 용어의 정의

'*Trois*(트로와)'는 '셋', '세 개의'라는 뜻이다.

2) 특징

(1) Royale과 같은 교차방법으로 다리를 바꾸지 않고 Battu하는 점프이다.

(2) Royale처럼 몸 방향이 바뀌어서 착지 되지만, 두 다리가 아닌 한 다리로 착지한다.

(3) 3가지의 방법으로 동작이 최종 마무리 된다.

　① 5번 포지션

　② Assemblé

　③ Coupé-Assemblé

> ＊ 위 QR에서는 ①의 방법으로만 제시되어 있다.
> ＊ 또한, 위 QR에는 <8-2> ~ <8-4>의 동작이 하나의 영상으로 구성되어 있다.

3) How to do

(1) 발 5번 포지션, Croisé로 준비한다.

(2) Royale의 수행 방법처럼 공중에 도약하면서 몸 방향이 정면을 향해 다리를 교차한다.

(3) 착지시 한쪽 다리는 Sur le Cou-de-pied가 Conditional, 혹은 Derrière가 된다.

| **Tip** | Dessus, 혹은 Dessous의 원리와 같다. |

(4) 5번 포지션으로 닫으면서 마무리한다.

Tip	교사의 재량에 따라서는 Assemblé, 또는 Coupé - Assemblé 으로 동작을 마무리하기도 한다.

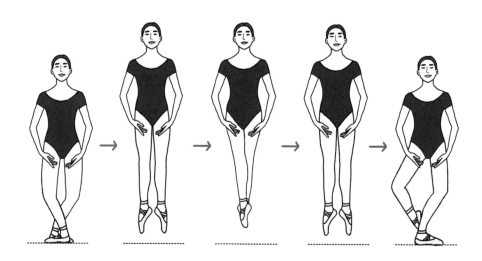

Entrechat-Trois

* 위의 그림은 몸 방향은 고려되지 않았고, 다리의 교차 방식에 우선을 두었다.

발레의 용어와 기술

8-3. Entrechat-Quatre

1) 용어의 정의

'**Quatre**(꺄뜨르)'는 원래 '넷', '4개의'라는 뜻이다.

2) 특징

(1) 발레 동작에서는 2번 교차 된다.

(2) 대표적으로 「Giselle」, Act Ⅱ 중에서 Giselle Variation에서 이 동작을 볼 수 있다.

(3) 두 발로 시작해서 두 발로 착지한다.

(4) 제자리, 이동하면서 여러 번 연속적으로 하는 동작이다.

3) How to do

(1) 발 5번 포지션, Croisé로 준비한다.

(2) 도약시 공중에서 다리를 바꾸면서 교차한다.

(3) 교차 되었던 다리가 다시 한번 더 바꾸면서 교차한다.

(4) 5번 포지션으로 착지한다.

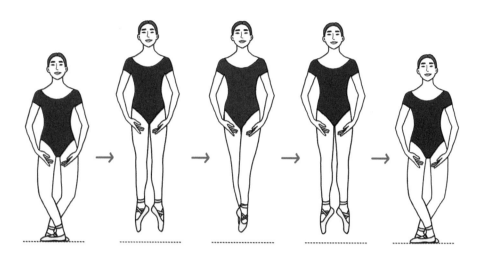

Entrechat-Quatre

＊ 위의 그림은 몸 방향은 고려되지 않았고, 다리의 교차 방식에 우선을 두었다.

발레의 용어와 기술

8-4. Entrechat-Cinq

1) 용어의 정의

'*Cinq*(쌩크)'는 '다섯의, '다섯 번째의'라는 뜻이다.

2) 특징

(1) Entrechat-Quatre와 같은 방법으로 다리를 2번 교차한다.

(2) 두 다리로 시작해서 한 다리로 착지한다.

(3) 3가지의 방법으로 동작이 최종 마무리 된다.

　　① 5번 포지션

　　② Assemblé

　　③ Coupé-Assemblé

> ＊ 영상에서는 ①의 방법으로만 제시되어 있다.

3) How to do

(1) 발 5번 포지션, Croisé로 준비한다.

(2) Entrechat- Quatre의 수행 방법처럼 (1)의 자세에서 그대로 도약하고, 다리를 바꾸면서 교차한다.

(3) 착시 한쪽 다리는 Sur le Cou-de-pied가 Conditional, 혹은 Derrière가 된다.

Tip	여기서도 Dessus, 혹은 Dessous의 원리와 같다.

(4) 5번 포지션으로 닫으면서 마무리한다.

Tip	컴비네이션에 따라서는 Assemblé, 또는 Coupé - Assemblé 로 동작을 마무리한다.

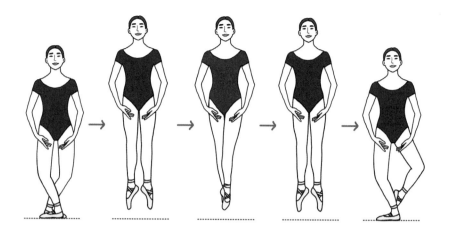

Entrechat-Cinq

* 위의 그림은 몸 방향은 고려되지 않았고, 다리의 교차 방식에 우선을 두었다.

중요!! <Entrechat> 동작을 정리하면 다음과 같다.

	형태	다리 교차 회수	착지형태		몸 방향
Entrechat	Royale	1번	발이 바뀜	두 다리	바뀜
	Trois			한 다리	
	Quatre	2번	발이 안 바뀜	두 다리	안 바뀜
	Cinq			한 다리	

발레의 용어와 기술

9. Retiré Sauté

1) 용어의 정의

'**Retiré Sauté**(레띠레 쏘떼)'는 'Retiré'의 '짧아진', '수축된'의 뜻과 점프의 총칭인 'Sauté'가 합쳐진 용어이다.

2) 특징

(1) 두 발로 시작하여 두 발로 착지한다.

(2) 수직으로 도약하는 점프이다.

(3) 대표적으로 「La Fille Mal Gardée」, Act II 중 Lise Variation에서 볼 수가 있다.

3) How to do

(1) 다리 5번 포지션으로 준비한다.

(2) 두 다리로 점프하면서 앞발을 Conditional Cou-de-pied를 거쳐 Retiré Devant까지 끌어 올린다.

> **Tip** 이때 반대쪽 다리는 아래로 곧게 펴서 유지한다.

(3) Retiré Devant 한 다리는 무릎 가운데(Passé)를 지나서 Retiré Derrière를 거쳐 서서히 내려오면서 두 다리가 동시에 착지한다.

Retiré Sauté

10. Pas Glissade

1) 용어의 정의

'**Pas Glissade**(빠 글리싸드)'는 '미끄러지는 스텝'이라는 뜻으로, 'Glissade'는 '미끄러지는'의 의미를 갖고 있다.

2) 특징

(1) 발끝이 바닥에서 거의 떨어지지 않는 Terre à Terre(떼르 아 떼르)에 해당된다.

(2) 일반적으로 스몰 점프에서는 작지만 날렵한 특성을, 그랑 점프에서는 다음 점프 동작을 이끌어주는 다이나믹함을 보이지만, 간혹 아다지오 스텝에서는 부드러운 특성을 가지고 다음 동작으로 연결해 준다.

(3) 모든 방향에서 실시된다.

(4) Plié로부터 시작해서 Plié로 끝나는 동작으로, 마지막 Plié는 그 다음에 따라오는 점프를 촉진시키는 중요한 역할을 한다.

(5) De Côté로 할 때는 발을 바뀌지 않는 형태, 혹은 바뀌는 형태의 두 가지 방식이 있다.

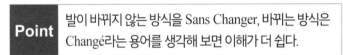

Point 발이 바뀌지 않는 방식을 Sans Changer, 바뀌는 방식은 Changé라는 용어를 생각해 보면 이해가 더 쉽다.

(6) 컴비네이션의 구성에 따라 4번이나 5번 포지션으로 마무리 될때가 있다.

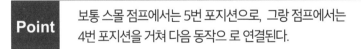

Point 보통 스몰 점프에서는 5번 포지션으로, 그랑 점프에서는 4번 포지션을 거쳐 다음 동작으 로 연결된다.

3) How to do

> ＊ 여기서는 가장 기본적인 형태만 소개되어 있으며, 동작의 구체적 수행
> 방법(how to do)은 앞 쪽(209쪽)의 QR을 참고하길 바란다.
> 여기서는 동작의 중요한 포인트만 설명한다.

(1) 처음에는 De Côté로 먼저 연습한 후 다른 방향으로 연습한다.

(2) 시작하는 다리는 반드시 바닥을 힘껏 밀어서(brushing) 이동한다.

(3) 공중에 두 발끝이 떠 있는 순간을 반드시 보여준다.

(4) 뒤따라오는 다리도 반드시 바닥을 쓸어서 5번 포지션으로 닫는다.

Tip	여기서 뒤따라오는 다리는 재빨리 5번 포지션으로 들어와야 한다.

(5) 모든 방향에서 하더라도 하나의 동작으로 연속성 있게 한다.

(6) De Côté 할 때 시선은 항상 앞다리 쪽을 향한다.

11. Pas Assemblé

1) 용어의 정의

'*Assemblé*(아쌈블레)'는 '모으다'라는 'Assembler'에서 파생되어 '모아진 (assembled)', 또는 '함께 모으다(gather together)' 라는 뜻이다.

2) 특징

(1) 한 다리로 점프하여 두 다리로 착지하는 점프이다.

(2) 공중에서 두 다리를 모으는 것이 동작의 핵심이다.

(3) 큰 점프를 위한 선행동작으로도 사용되지만 동작을 마무리 할 때도 수행된다.

 Point 예를 들면, Entrechat - Trois, Entrechat - Cinq, Sissonne Simple 등 한 다리로 착지되는 점프 동작들이 마무리될 때는 Assemblé가 실시된다.

(4) 이 동작은 많은 형태를 가지고 있으며, 방향과 포즈에 따라서 다양한 양상 을 보여준다.

※ 다음의 표는 <Pas Assemblé>의 여러 형태를 정리한 것이다.

형태	이동여부
Petit Assemblé	제자리
Double Assemblé	제자리
Assemblé en Italian	제자리
Assemblé Porté	이동있음
Grand Assemblé	이동있음
Grand Assemblé en Tournant	제자리

＊ 위의 QR은 <11-1> ～ <11-6>의 동작이 하나의 영상으로 구성되어 있다.

11-1. Petit Assemblé

1) 특징

(1) 스몰 점프에서 가장 기본적으로 사용되는 형태이다.

(2) 이동없이 제자리에서 실시된다.

(3) Dessus, Dessous, Battu, En Tournant 등 다양한 형태가 있다.

2) How to do

(1) Dessus

① Croisé 방향, 발 5번 포지션에서, 항상 뒷다리부터 시작된다.

② 몸 방향을 정면으로 바꾸면서, 뒷다리는 À la seconde로 바닥을 강하게 밀면서 앞다리를 재빨리 5번 포지션으로 모은다.

Tip	공중에서 뒷 다리는 앞으로 모은다.

③ Croisé로 착지한다.

Tip	시선은 앞다리 쪽에 둔다.

발레의 용어와 기술

Petit Assemblé - Dessus

(2) Dessous

① Croisé 방향, 발 5번 포지션에서, 항상 앞다리부터 시작된다.

② 몸 방향을 정면으로 바꾸면서, 앞다리는 À la seconde로 바닥을 강하게
밀면서 반대쪽 다리가 재빨리 5번 포지션으로 모은다.

Tip	공중에서 뒷 다리는 앞으로 모은다.

③ Croisé로 착지한다.

Tip	시선은 앞다리 쪽에 둔다.

11-2. Double Assemblé

1) 특징

(1) Assemblé를 연속으로 2번 하는 점프이다.

(2) 이동 없이 제자리에서 수행된다.

(3) 첫 번째 점프 보다 두 번째 점프가 더 높다는 특징이 있다.

(4) 컴비네이션에서 여러 번 연속적으로 할 수 있다.

(5) 상급과정에서는 Battu 형태로도 실시된다.

2) How to do

(1) Dessus

① 처음에는 정지 동작과 함께 실시한다.

② 뒷다리부터 시작한다.

③ 처음 실시되는 Assemblé 할 때는 발을 바꾸지 않고(Sans Changer) 착지하며, 시선도 바꾸지 않는다.

④ 두 번째 실시되는 Assemblé 할 때 시선이 바뀌고, 다리도 바뀌면서 (Changé) 착지 된다.

⑤ **Battu로 할 때**

㉠ 첫 번째 Assemblé에서는 앞, 뒤 교차한다.

㉡ 두 번째 Assemblé에서는 뒤, 앞 교차한다.

(2) Dessous

① 처음에는 정지 동작과 함께 실시한다.

② 앞다리부터 시작한다.

③ 처음 실시되는 Assemblé 할 때는 발을 바꾸지 않고 착지하며, 시선도 바꾸지 않는다.

④ 두 번째 실시되는 Assemblé 할 때 시선이 바뀌고, 다리도 바뀌면서 착지 된다.

⑤ **Battu로 할 때**

ㄱ 첫 번째 Assemblé에서는 뒤, 앞 교차한다.

ㄴ 두 번째 Assemblé에서는 앞, 뒤 교차한다.

11-3. Assemblé en Italian

1) 특징

(1) 이탈리아 학파(Cecchetti Method)에서 유래된 동작이다.

(2) 공중에서 두 무릎이 구부러진 형태이다.

(3) 선행동작의 도움을 받아야 도약이 수월하다.

> ＊ 선행동작의 예로, Glissade가 있다.

(4) 대표적으로 「Pas de Quatre」 중 Taglioni Solo Variation에서 볼 수 있다.

2) How to do

(1) 준비동작으로 Glissade를 실시한다.

> **Tip** 여기서 Glissade는 4번 포지션으로 지나간다.

(2) 뒷 다리가 먼저 바닥을 밀면서 나간 후, 바로 구부리고, 지지하는 다리도 같이 구부리면서 점프한다.

(3) 5번 포지션으로 착지한다.

> **Tip** 발은 바뀐다.

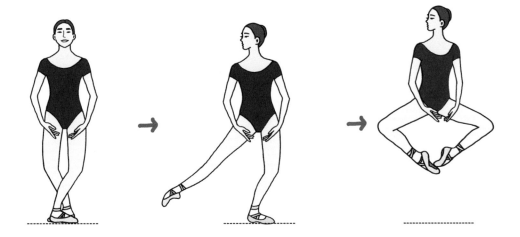

Assemblé en Italian

11-4. Assemblé Porté

1) 특징

(1) 이동하는 Assemblé이다.

(2) 본 동작을 위한 선행 동작이 필요하다.

> ∗ '이동한다'는 의미로 'Porté(쁘르테)'라는 용어가 동반된다.

(3) 주로 Grand Assemblé를 위한 연습 동작으로 수행된다.

> ∗ 선행동작의 예로, Fondu, Tombé - Coupé, Glissade가 있다.

2) How to do

(1) 선행 동작으로 Fondu를 실시한다.

Tip	뒷다리를 Sur le Cou - de - pied 한다.

(2) 뒷다리를 5번 포지션으로 놓으면서 앞다리는 Coupé를 거쳐 Assemblé를 한다.

Tip	이때 이동한다.

(3) 5번 포지션으로 착지한다.

Tip	착지 시 발이 바뀐다.

(4) 리벌스로도 실시한다.

11-5. Grand Assemblé

1) 특징

(1) 이동하는 Assemblé의 대표적인 형태이다.

(2) En Avant, De Côté, En Arrière로 모두 가능하지만, En Arrière의 경우는 일반적으로 독립적인 스텝으로는 하지 않고, 다른 점프들 사이의 연결된 스텝으로만 수행된다.

> * 예를 들면, Grand Sissonne Ouverte En Avant(그랑 씨쏜 우베르트 아 나방) 후에 Coupé - Assemblé En Arrière(꾸뻬 - 아쌈블레 아나리에르)로 하는 경우이다.

(3) 본 동작을 바로 수행하기 위해서는 Step-Coupé, Glissade 등의 선행 동작들이 함께 동반된다.

2) How to do

> * 여기서는 De Côté 방향만 설명한다.

(1) 준비동작으로 Glissade를 실시한다.

> **Tip** 여기서 Glissade는 4번 포지션으로 지나간다.

(2) 뒷다리가 먼저 바닥을 밀면서 나간 후(Battement), 지지하는 다리가 재빨리 5번 포지션으로 모으면서 멀리 이동한다.

> **Tip** 공중에서 몸 방향은 Épaulement으로 한다.

(3) 5번 포지션으로 착지한다.

11-6. Grand Assemblé en Tournant

1) 특징

(1) 기본 규칙은 Grand Assemblé와 동일하다.

(2) 하지만, Grand Assemblé 와는 달리 제자리에서 수행되는 동작이다.

(3) En Avant, En Arrière, En Diagonale, En Manège 등 다양한 방법 으로 수행한다.

> ＊ En Manège의 경우 남자 클래스나, 남자 무용수의 Variation에서 종종 볼 수 있다.

(4) 본 동작을 위한 준비 또는 선행 동작이 필요하다.

> ＊ 선행동작의 예로, Step - Coupé, Chasse, Pas Couru[64]가 있다.

2) How to do

(1) S2번 방향에서 선행동작으로 Piqué, 1번 Arqbesque 후에, S6번 방향으로 Chassé를 실시한다.

(2) Chassé 후에, 왼쪽 다리는 Demi-Plié 하고, 오른쪽 다리는 Grand Battement 하면서 두 다리가 공중에서 5번 포지션을 보여준다.

> **Tip**　ⓐ 공중에서 En Tournant이 이루어진다.
> ⓑ 이때, Grand Assemblé 자체는 제자리에서 수행된다.

(3) S8번 방향으로 착지하고 상체는 옆으로 많이 기울인다.

12. Pas Jeté

1) 용어의 정의

Pas Jeté(빠 쥬떼)'는 '던지는(throwing) 스텝'이다.

2) 특징

(1) 한 다리로 시작하여 다른 쪽 다리로 착지하는 점프를 총칭한다.

> ＊ 단, Jeté Fermé(쥬떼 페르메)[65] 는 예외이다.

(2) 제자리에서 하는 방식과 이동하는 방식이 있다.

(3) 모든 방향에서 수행 가능하다.

(4) 동작의 형태에 따라 용어도 다양하게 세분화 된다.

※ <Pas Jeté>의 여러 형태는 다음의 표에 정리 되어 있다.

Pas Jeté	Petit (pas) Jeté
	(Pas) Jeté Fermé
	Petit (Pas) Jeté Porté
	(Pas) Jeté Ballotté
	Grand Jeté
	Grand Jeté en Tournant
	(Pas) Jeté Passé
	Pas Jeté Entrelacé
	Tombé-Coupé Jeté en Tournant

12-1. Petit Jeté

1) 용어의 정의

'***Petit Jeté***(쁘띠 쥬떼)'는 '작게 던지는'의 의미로, 작게 수행되는 동작이다.

2) 특징

(1) 가장 기본형의 Pas Jeté이다.

(2) 제자리에서 수행되는 동작이다.

(3) 스몰 점프에서 Glissade, Assemblé, Sauté 등과 다양하게 구성된다.

3) How to do

(1) Croisé 방향에서 왼발 앞에 5번 포지션으로 준비한다.

(2) 뒷 다리(오른쪽 다리)가 바닥을 밀면서 도약한다.

(3) 오른쪽 다리로 착지 되고, 왼쪽 다리는 Sur le Cou-de-pied Derrière를 한다.

(4) 5번 포지션으로 동작을 마무리한다

(5) 이어서 반대쪽도 같은 방법으로 실시한다.

(6) 상급과정에서는 Battu와 함께 한다.

(7) 리벌스로도 실시한다.

* 위 QR은 <12 -1> ~ <12 -3>의 동작이 하나의 영상으로 구성되어 있다.

12-2. Petit Jeté Porté → *vaganova*
Jeté Fondu

1) 용어의 정의

'**Petit Jeté Porté**(쁘띠 쥬떼 포르테)'는 '작은'의 의미를 가진 'Petit', '던지는'의 'Jeté', 그리고 '이동하는'의 'Porté'와 가 합쳐진 것이다. 즉, '작게 이동하는 Pas Jete'라고 할 수 있다.

다른 용어로는 '**Jeté Fondu**(쥬떼 퐁듀)'라고 한다.

2) 특징

(1) 이동하면서 하는 Pas Jeté이다.

(2) Jeté Porté는 독립적인 스텝일 뿐만 아니라 Grand Jeté처럼 큰 점프를 위한 연습 동작이다.

(3) 초급 과정에서의 수행방법과 상급과정에서의 수행 방법이 달라진다.

(4) Croisé, Effacé, Écarté 방향에서 수행 가능하다.

3) How to do

(1) En Avant

① Croisé에서 오른쪽 발 앞에 5번 포지션에서 준비한다.

② 오른발이 앞으로(En Avant) 이동하면서 왼쪽 발은 Sur le Cou-de-pied Derrière를 한다.

> **Tip** 상급과정에서는 뒷다리의 포지션은 Attitude로 바뀐다.

③ 팔은 도약할 때는 1번 포지션, 착지했을 때는 2번 포지션이 된다.

(2) De Côté

① Croisé에서 오른쪽 발 앞에 5번 포지션에서 준비한다.

② 오른발이 옆으로(De Côté) 이동하면서 왼쪽 발은 Conditional Cou-de-pied가 된다.

③ 팔은 도약할 때는 2번 포지션, 착지했을 때는 1번 포지션이 된다.

(3) En Arrière

① Croisé에서 오른발 앞에 5번 포지션에서 준비한다.

② 뒷다리(왼쪽 발)이 뒤로(En Arrière) 이동하면서 오른쪽 발은 Conditional Cou-de-pied가 된다.

Tip	상급과정에서는 앞 다리의 포지션은 Conditional Cou - de - pied 를 거쳐서 편다(Small Développé처럼).

③ 팔은 도약할 때는 1번 포지션, 착지했을 때는 2번 포지션이 된다.

* 영상에서는 De Côté → En Avant 으로만 구성되어 있다.

발레의 용어와 기술

12-3. Petit Jeté Fermé

1) 용어의 정의

'*Fermé*(페르메)'는 '닫힌(to close)'의 뜻이다.

2) 특징

(1) 두 다리로 시작하여 두 다리로 착지되는 점프이다.

(2) 높이 도약하기 보다는 넓게 이동하는 점프이다.

(3) 다리는 바뀌거나 바뀌지 않고 끝낼 수 있다.

(4) Jeté Porté(쥬떼 뽀르떼)를 완전히 학습한 후에 이 동작을 학습하는 것이 효과적이다.

(5) 상급과정(90°)에서는 용어와 수행 방법이 달라진다.

Point	90°에서는 용어가 Jeté Fondu(쥬떼퐁듀)로 바뀌며, 수행 방법은 How to do를 참고 바람.

3) How to do

(1) Croisé 방향에서 오른쪽 다리를 앞에 두고 5번 포지션으로 준비 한다.

(2) 두 다리는 Dem-Plié 하고, 팔은 1번 포지션을 하면서 상체는 옆으로 많이 기울인다.

(3) 오른쪽 다리를 바닥을 밀어내면서 De Côté로 뛰고, 팔은 2번 포지션으로 열고 시선은 정면을 본다.

(4) 다시 5번 포지션, Dem-Plié로 끝나면서 상체는 다시 기울인다.

Tip	이때, 발은 바뀌면서 착지 된다.

(5) Jeté Fondu

① 준비 동작 및 동작 수행방법은 Jeté Fermé(쥬떼 페르메)와 같다.

② 동작이 마무리될 때 닫히는 다리가 Jeté Fermé 보다는 부드럽게 천천히
  닫힌다.

Tip	ⓐ 닫히는 다리가 Tendu 를 보여주면서 천천히 들어온다.
	ⓑ 부드럽게 닫히기 때문에 'soft step'이다.

Point	• 여기서의 Jeté Fondu는 바가노바 메소드에서 사용하는 동작으로, 앞에 설명했던 <12 - 2. Jeté Fondu>와는 다른 동작이다.
	앞의(12 - 2) 동작은 한쪽 다리로 착지되고 반대 다리는 Sur le Cou - de - pied 형태로 끝나는 동작이고, 여기서 말하는 Jeté Fondu는 두 다리가 닫히는 동작이다.
	즉, 이런 경우는 같은 용어이지만 동작이 다른 경우라 할 수 있다.
	• 영상에는 Jeté Fondu는 소개되어 있지 않다.

12-4. Pas Jeté Ballotté →*Vaganova*
Pas de Zéphyr →*Vaganova*
Saut de Biche

1) 용어의 정의

'Pas Jeté Ballotté(빠 쥬떼 발로떼)'에서 'Ballotté'는 '흔드는(rocking)'의 뜻이다.

다른 용어로는 **'Pas de Zéphyr(빠 드 제삐르)'**, **'Saut de Biche(쏘 드 비쉬)'**라고도 한다. 여기서 'Zéphyr'는 '산들바람', 혹은 '살랑 살랑 거리는 미풍'을 의미하고, 'Bishe'는 '꽃사슴'이라는 뜻이다. 그래서 **'Saut de Biche'**는 '꽃사슴 점프'이다.

2) 특징

(1) 이 동작은 '톡' 던지듯이 가볍게 뛰는 점프이다.

(2) En Arrière로만 동작을 수행하고, Arabesque로 착지한다.

(3) 대표적으로, 「Le Corsaire」, Act Ⅲ 중 Medora의 Variation에서 볼 수 있다.

3) How to do

(1) 선행 동작으로 Glissade를 실시한다.

Tip	여기서도 Glissade는 4번 포지션으로 지나간다.

(2) 뒷다리를 Effacé Devant으로 Grand Battement을 한다.

(3) 다리를 접으면서(Enveloppé) 점프하면서 반대쪽 다리는 뒤쪽으로 재빨리 Développé를 한다.

(4) 1번 Arabesque, Demi-Plié로 끝낸다.

12-5. Grand Jeté

1) 용어의 정의

'**Grand Jeté**(그랑 쥬떼)'는 '크게(Grand) 뛰는 Jeté'이다.

2) 특징

(1) 그랑 알레그로(Grand allegro)에서 수행되는 점프 동작이다.

(2) Centre Works 중 Grand Temps Lié 동작을 충분히 훈련한 후에 이 동작을 학습하는 것이 효과적이다.

| **Point** | Grand Temps Lié 동작을 통해 발끝이 멀리 뻗어나가는 감각을 충분히 익혀놔야 Grand Jeté 동작을 잘할 수 있기 때문이다. |

(3) 모든 방향에서 다양한 큰 포즈들과 함께 한다.

> * 큰 포즈(pose)의 예로, 1번 Arabesque, Effacé Attitude, Croisé Attitude 등이 있다.

(4) 본 동작을 하기 위해서는 반드시 선행 동작이 필요하다.

> *선행동작으로는 Step - Coupé, Pas Couru, Glissade, Chassé, Sissonne Tombée, Coupé를 포함하여 매우 많다.

3) How to do

(1) 선행동작으로 Glissade, 또는 Sissonne Tombée, Coupé를 실시한다.

| **Tip** | Glissade와 함께 하는 경우는 4번 포지션을 지나간다. |

(2) 이동할 방향으로 앞 다리를 Grand Battement하면서 En Avant으로 이동한다.

(3) 앞 다리는 Demi-Plié로 착지하고 뒷 다리는 Arabesque, 또는 Attitude를 한다.

Tip	앞쪽 (228쪽) QR에서는 Glissade는 Arabesque로, Sissonne Tombée, Coupé는 Attitude로 착지 된다.

12-6. Grand Jeté en Tournant

1) 용어의 정의

'Grand Jeté en Tournant(그랑 쥬떼 앙 뚜르낭)'은 'Grand Jeté 하면서 회전하는 동작'이다.

2) 특징

(1) 이 동작은 Croisé에서 Croisé로 끝나는 그랑 점프의 한 종류이다.

(2) Sissonne Tombée, Step-Coupé를 선행 동작으로 하여 탄력 있고 강한 점프를 표현할 수 있다.

3) How to do

(1) S2번 방향, Croisé에서 왼발 앞에 5번 포지션으로 준비한다.

(2) 오른쪽 다리를 Sur le Cou-de-pied Derrière를 거쳐 뒤로 길게 뻗어 준다.

(3) 몸통을 1/4 회전을 하면서 오른쪽 다리는 Demi-Plié를 하고, 왼쪽 다리는 Sur le Cou-de-pied Derrière를 한다.

(4) S6번으로 Coupé와 함께 Grand Jeté를 하면서 S8번 방향까지 점프한 후, 착지한다.

Tip	ⓐ S6에서 S8로 점프하는 동안은 포물선을 그리듯이 한다. ⓑ Grand Jeté 시 뒷다리는 Attitude Derrière이다.

발레의 용어와 기술

12-7. Jeté Passé

1) 용어의 정의

Jeté Passé(쥬떼 빠쎄)'는 '던지는(throwing)'과 '지나가는(passing)'의 뜻이 합성된 것이다. 말 그대로, '지나가며 던지는' 동작이다.

2) 특징

(1) En Avant, De Côté, En Arrière를 비롯해서 다양한 방향으로 수행 가능하다.

(2) En Avant일 경우는 「Don Quixote」, Act Ⅱ 중에서 Dulcinea Variation의 앞 부분에서 이 동작을 볼 수 있으며, En Arrière의 경우는 「Paquita」의 Jewel Variation에서 볼 수 있다.

(3) Step, Chassé, Glissade 등의 선행동작을 필요로 한다.

(4) 착지는 항상 한쪽 다리로만 끝난다.

 Point 이 동작은 통합적으로는 Jeté Passé라는 용어를 사용하지만, 수행 방향에 따라 구별해서 사용하는 경우도 있다. (다음의 표 참고).

	방향	대체 용어	용어의 뜻
Jete Passé	En Avant	Temps de Flèche (땅 드 플레쉬)	'화살(Flèche) 스텝'
	En Arrière	Pas de Poisson (빠 드 쁘와종)	'물고기(Poisson) 스텝'
		Pas de Papillon (빠 드 빠삘론)	'나비(Papillon) 스텝'

3) How to do

(1) En Avant

① 오른쪽 다리는 Grand Battement Devant을 한다.

② 공중에서 왼쪽 다리는 Développé Devant으로 찬다.

③ 오른쪽 다리는 Demi-Plié로 착지하고, 왼쪽 다리는 공중에 남아 있다가 천천히 내려온다.

④ 반대쪽도 같은 방법으로 실시한다.

(2) En Arrière

① 오른쪽 다리를 Effacé Devant으로 Step, Demi-Plié 하면서 상체를 기울여준다.

② 왼쪽 발을 뒤로 가볍게 차면서 오른쪽 다리는 재빨리 Attitude Derrière 로 찬다.

③ 왼쪽 다리는 Demi-Plié로 착지하고, 오른쪽 다리는 Croisé Attitude Derrière 상태를 유지한다.

Tip	연속으로 할 때는 Chassé와 함께 할 수 있다.

12-8. Pas Jeté Entrelacé → *Vaganova*
Grand Jeté en Tournant En Arrière → *Cecchetti*
Grand Jeté Dessus en Tournant → *French*
Tour Jeté → *U.S.A*

1) 용어의 정의

*'Pas Jeté Entrelacé(빠 쥬떼 앙트라쎄)'*는 '서로 얽혀 있는 동작'으로 해석한다. 여기서 Entrelacé는 '서로 얽힌(interlaced)', '꼬인'의 뜻이다.

다른 용어로는 *'Grand Jeté en Tournant En Arrière(그랑 쥬떼 앙 뚜르낭 아 나리에르)'*, *'Grand Jeté Dessus en Tournant(그랑 쥬떼 드쒸 앙 뚜르낭)'*이라고도 하는데, 주로 축약해서 *'Grand Jeté en Tournant(그랑 쥬떼 앙 뚜르낭)'* 이라고 한다.

마지막으로, *'Tour Jeté(뚜르 쥬떼)'*라고도 한다.

2) 특징

(1) 이동이 없는 그랑 점프 동작이다.

(2) Piqué-Arabesque, 또는 Chassé를 선행 동작으로 사용한다.

(3) 여러 방향으로 가능하지만 주로 직선, 사선(En Diagonale), 혹은 원형(En Manège)으로 이동하면서 한다.

> **Point** 선행 동작으로 인해 이동하는 것이지 본 동작 자체는 이동이 없는 점프이다.

(4) 클래식 발레의 가장 어려운 스텝 중 하나이며, 메소드마다 다른 용어로 사용되고 있다.

> **Point** 개인적인 의견으로 이 동작의 용어를 'Pas Jeté Entrelacé', 혹은 'Tour Jeté'로 사용하는 것이 <12 -6. Grand Jeté en Tournant> 과 혼돈을 최소화 하는 방법이라고 생각한다.

3) How to do

(1) S2 방향에서 오른쪽 다리로 Step-Piqué, 1번 Arabesque를 한 후, S6 방향으로 Chassé를 수행한다.

(2) 오른쪽 다리를 Grand Battement Devant으로 하면서 점프한다.

Tip	이때 반드시 두 다리가 1번 포지션 Demi - Plié를 거친다.

(3) 공중에서 몸통을 S2 방향으로 바꾸면서 두 다리도 서로 바꾼다.

Tip	ⓐ 공중에서 다리는 1번 포지션을 지나간다. ⓑ 여기서 가장 많이 하는 실수가 두 번째 다리(여기서는 왼쪽 다리)가 Rond de Jambe 되는 경우가 있는데, 반드시 직선으로 차야 한다는 점을 꼭 기억해야 한다. ⓒ 첫 번째 차는 다리보다 두 번째 다리를 더 강하게 (공중에서) 차야 한다.

12-9. Tombé-Coupé Jeté en Tournant
Tour de Reins
Tour de Force

1) 용어의 정의

'Tombé-Coupé Jeté en Tournant(톰베-꾸뻬 쥬떼 앙 뚜르낭)'은 여러 가지 용어들이 합성되어 하나의 용어처럼 사용된다. 여기서는 대체되는 용어들만 살펴보려고 한다.

다른 용어로는 '*Tour de Reins*(뚜르 드 렝)', 또는 '*Tour de Force*(뚜르 드 폴스)라고 한다.

'*Tour de Reins*'는 그대로 해석하면 '허리의 회전(turn of the loins)'이지만, 동작의 관점에서 본다면 '몸 방향을 다른 방향으로 돌리다(barrel turns)'라는 의미에 더 가깝다. '*Tour de Force*'는 '힘든 곡예'로 해석 한다.

2) 특징

(1) Tombé-Coupé, 그리고 회전의 완성을 위한 Grand Jeté En Avant으로 구성된 복합적인 스텝이다.

(2) 일반적으로 원형(En Manège), 또는 사선(En Diagonale)에서 연속적으로 수행된다.

(3) Grand Jeté의 포지션은 Attitude나 Arabesque로 할 수 있다.

(4) 팔과 다리의 동시성이 점프의 추진력에 상당한 역할을 한다.

(5) 남성 무용수의 경우 Saut de Basque(쏘드 바스크)[66] 형태의 동작들과 함께 구성해서 역동성을 보여준다.

(6) 여러 개 연속적으로 할 수 있다.

3) How to do

(1) 선행 동작으로 오른쪽 발이 Tombé, 왼쪽 다리는 Sur le Cou-de-pied Derrière 하면서 몸통이 3/4정도 회전한다.

(2) 사선 방향으로 Coupé 하면서 오른쪽 다리가 Grand Battement Devant으로 Grand Jeté En Avant 한다.

Tip	진행 방향은 S6에서 S2방향이다.

(3) 공중에서 회전하면서 다시 동작을 반복한다.

Tip	앞 쪽(235 쪽) QR에서는 Grand Jeté는 Attitude로 했지만, 교사의 재량으로 Arabesque로도 할 수 있다.

발레의 용어와 기술

13. Pas Chassé

1) 용어의 정의

'**Chassé**(샤쎄)'는 '사냥', '쫓다'라는 'Chasser'에서 파생되어 '쫓아가다'라는 의미를 담고 있다.

2) 특징

(1) 이동하는 점프동작이다.

(2) 모든 방향으로 가능하다.

(3) 처음에만 독립적인 동작으로 배우고, 중, 상급과정에서는 그랑 점프를 위한 선행동작으로 사용된다.

(4) Sissonne Tombée[67], 또는 Développé-Tombé를 선행 동작으로 엮어서 할 수 있다.

(5) 여러 개 연속으로 수행된다.

(6) 리벌스로도 수행된다.

3) How to do

(1) Croisé에서 Effacé En Avant으로 Sissonne Tombée로 선행동작을 실시한다.

Tip	Sissonne 수행 후에 Tombé로 이어지기 전에 Tendu 한 발끝이 최대한 바닥을 미끌어지듯이(Glissé) 뻗어 주면서 Tombé로 이어진다.

(2) 뒷다리를 재빨리 앞다리에 붙이면서 점프한다.

Tip	이때 공중에서 5번 포지션을 끝까지 유지한다.

(3) 연속으로 실시 후, 반대쪽도 같은 방법으로 한다.

14. Pas Failli

1) 용어의 정의

'***Failli***(퐈이이)'는 프랑스어 'Faillir'에서 유래되었으며, 번역하면 '놓치다(to just miss)', 또는 '무너지다'의 뜻을 가지고 있다. 즉, '***Pas Failli***(빠 퐈이이)'는 '무너지는 동작'이라 할 수 있다.

2) 특징

(1) 정지 없이 연결된 하나의 동작으로 신속하게 수행한다.

(2) Sissonne[68]과 Glissé의 형태가 포함된 복합적 동작이다.

(3) 처음에는 독립적인 동작으로 배우지만, 상급 과정에서는 다른 그랑 점프들과 함께 사용되면서 형태가 약간 바뀌게 된다.

> ＊ Sissonne Soubresaut[69], Grand Assemblé 등과 사용된다.

(4) En Avant과 En Arrière로만 수행된다.

3) How to do

(1) En Avant

① S6에서 시작 한다.

② 준비 동작으로 오른발 앞에 Croisé에서 5번 포지션, Demi-Plié를 한다.

③ S2 방향으로 오른쪽 다리를 강하게 차면서 점프를 한다.

Tip	ⓐ 팔은 À la seconde Allongé를 한다. ⓑ 공중에서의 다리는 낮은 Arabesque 포지션이다.

④ Arabesque로 착지하자마자 왼쪽다리가 재빨리 1번 포지션을 지나고, 팔은 4번 포지션을 취하면서 오른쪽다리는 재빨리 Glissé로 이동하면서 끝낸다.

> **Tip** 이 부분에서 마지막 마무리를 Assemblé처럼 하는 경우가 있는데 정확히는 뒷다리는 Glissé로 하는 것이다.

⑤ 반대쪽도 같은 방법으로 실시한다.

(2) En Arrière

① 준비 동작으로 왼발 앞에 Croisè에서 5번 포지션, Demi-Plié를 한다.
② S4방향으로 오른쪽 다리를 강하게 차면 점프를 한다.

> **Tip** ⓐ 팔은 À la seconde Allongé를 한다.
> ⓑ 공중에서의 다리는 Effacé Devant 포지션이다.

③ 착지하자마자 왼쪽다리가 재빨리 1번 포지션을 하고, 팔은 4번 포지션을 취하면서 오른쪽 다리는 재빨리 Glissé로 끝낸다.

> **Tip** 이 부분도 En Avant 때와 마찬가지로 마무리는 Glissé로 한다.

④ 반대쪽도 같은 방법으로 실시한다.

15. Pas Soubresaut

1) 용어의 정의

'*Soubresaut*(쑤브르쏘)'는 '갑작스런 도약'이라는 뜻이다.

2) 특징

(1) 두 다리로 도약하여 발이 바뀌지 않고 그대로 두 다리로 착지한다.

(2) 상체의 변화가 없이, 또는 상체가 아치를 이루며 점프한다.

(3) 상체가 아치가 될 때 두 다리의 포지션이 구부러진 형태와 곧게 펴진 형태
가 있다.

> *이럴 경우. 동작이 커지기 때문에 'Grand Soubresuat'라고 한다.

(4) 「Giselle」, Act Ⅱ 중에서 Giselle의 'Grand Soubresuat'를 볼 수 있다.

 Point 여기서는 두 다리가 구부러진 형태이다. 이 동작이 '마치 천사 (angel)가 움직이는 것 같다'하여 **'Temps de L'ange(땅 드 랑쥐)'**라고도 한다. 여기서 'L'ange'는 '천사'라는 뜻이다.

(5) 기본적으로 이동이 있는 점프 형태이다.

 Point 다리 5번 포지션으로 제자리에서 그대로 점프하는 형태를 Soubresaut라고 하는 경우가 있는데 이는 R.A.D 메소드에서 사용한다.

3) How to do

(1) 상체 변화 없이 할 경우

① 다리 5번 포지션으로 준비한다.

② Demi-Plié 한다.

③ 바닥을 강하게 누르면서 점프하고, 상체는 곧게 세우고, 두 발은 공중
에서 5번 포지션을 최대한 오래 보여 주면서 이동한다.

> **Tip** ⓐ 여기서는 En Avant, De Côté, En Arrière로 가능하다.
> ⓑ 착지 시 발이 바뀌지 않는다.

상체 아치(arch) 없는 이동

(2) 상체 변화가 있는 경우(arch)

① 다리 5번 포지션으로 준비한다.

② Demi-Plié 한다.

③ 바닥을 강하게 누르면서 점프하고, 상체는 활처럼 구부러지고, 두 발은
공중에서 5번 포지션, 또는 구부리면서 멀리 이동한다.

> **Tip** ⓐ 여기서는 보통 En Avant 으로 이동한다.
> ⓑ 착지시 발이 바뀌지 않는다.

상체 아치(arch) 1.   상체 아치(arch) 2.

16. Pas Couru

1) 용어의 정의

'**Pas Couru**(빠 꾸뤼)'는 '달리는 스텝(running step)'으로 해석된다. 여기서 'Couru'는 '뛰다', '달리다'의 'Courir'에서 파생되어 '뛰는', '달리는'의 의미를 가지고 있다.

2) 특징

(1) Grand Jeté, Grand Assemblé와 같은 그랑 점프의 탄력을 얻기 위해 사용되는 동작이다.

(2) 공중에서의 다리는 가위질하듯이 가볍고 빠르게 실시된다.

(3) Pas Couru 후의 그랑 점프 직전의 Demi-Plié는 다음 점프를 위해 매우 중요한 역할을 한다.

3) How to do

(1) Croisé, 오른발 앞에, Tendu로 준비한다.

(2) 오른쪽 다리는 Demi-Plié, 왼쪽 다리는 앞으로 뻗으면서 두 다리를 공중에서 가위질 한다.

> **Tip**　공중으로 가위질 할 때 얼굴은 바깥 쪽을 향한다.

(3) 오른쪽 다리는 Demi-Plié로 착지되고, 왼쪽 다리는 Step-Coupé를 거치면서 Grand Assemblé가 수행된다.

> **Tip**
> ⓐ 이때, Grand Assemblé는 이동하면서 실시된다.
> ⓑ Grand Assemblé 외에 Grand Jeté 등 다른 스텝과도 연결 할 수 있다.

17. Sissonne

1) 용어의 정의

'*Sissonne*(씨쏜)'은 동작을 고안한 창시자의 이름에서 유래되었다고 전해진다.[70]

2) 특징

(1) 기본적으로 두 다리에서 한 다리로 착지하는 점프 동작을 지칭한다.

> * 단, 예외적으로 Sissonne Fermée[71], Sissonne Tombée, Sissonne Fondue[72]는 두 발로 착지 된다.

(2) Petit와 Grand의 두 개의 형태로 나눌 수 있다.

※ 다음의 표는 대표적인 <Sissonne>동작들만 간단히 정리한 것이며, 이 외에도 다양한 형태들이 있다.

Sissonne	Simple
	Ouverte[73]
	Doublée
	Fermée
	Fondue,
	Tombée.
	Tour-Sissonne Tombée(Blinchiki)
	Soubresaut
	Attitude

17-1. Sissonne Simple →Vaganova
Sissonne Ordinaire→R.A.D
Temps Levé →Cecchetti

1) 용어의 정의

'**Sissonne Simple**(씨쏜 쌩쁠)'은 '가장 기본적인 Sissonne(씨쏜) 동작'으로 해석한다. 다른 용어로는 '**Sissonne Ordinaire**(씨쏜 오디너리)'라고 하며, 여기서 'Ordinarie'는 '보통의', '통상적인'의 뜻이다. 또한, '**Temps Levé**(땅 르베)'라고도 한다.

2) 특징

(1) Sissonne 형태 중에서 가장 기본적인 점프이다.

(2) 이동 없이 제자리에서 실시된다.

(3) 스몰 점프에서 주로 실시된다.

(4) En Face에서 실시하며, En Tournant 형태로도 한다.

(5) 동작의 마무리는 5번 포지션 또는 Petit Assemblé로 한다.

3) How to do

(1) 발 5번 포지션에서 점프하고, 공중에서 5번 포지션을 그대로 유지한다.

(2) 착지시 뒷다리는 Demi-Plié, 앞다리는 Conditional Cou-de-pied로 착지한다.

(3) 리벌스로도 실시한다.

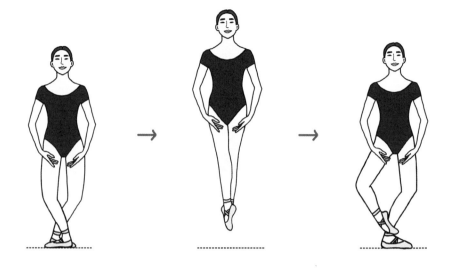

Sissonne Simple

17-2. Sissonne Ouverte

1) 용어의 정의

'*Sissonne Ouverte*(씨쏜 우베르트)'는 '열려서 끝나는 Sissonne 점프'이다. 'Ouverte'는 '열린(to open)', '열려 있는'의 뜻이다.

2) 특징

(1) 45°, 혹은 90, 그리고 En Tournant에서 실시된다.

(2) 여러 방향으로 가능한 동작이다.

(3) 45°는 제자리에서, 90°는 제자리, 또는 이동하면서 한다.

(4) 미들 점프에서 주로 사용되는 점프이다.

(5) 동작의 마무리는 Assemblé, 혹은 Coupé-Assemblé로 한다.

(6) 상급과정에서는 Battu와 함께 한다.

3) How to do

(1) 45°(À la seconde)

① 5번 포지션에서 두 발로 동시에 점프한다.

> **Tip**　이때, 공중에서 5번 포지션을 반드시 보여주어야 한다.

② 착지하면서 앞다리는 Conditional Cou-de-pied를 거치면서 À la seconde로 편다.

> **Tip**　Conditional Cou - de - pied에서 재빨리 À la seconde로 펴야 한다.

③ Assemblé, 혹은 Coupé-Assemblé로 동작을 마무리 한다.

④ 리벌스로도 실시한다.

Tip　　리벌스 할 때는 뒷다리부터 시작한다.

⑤ 45°이기 때문에 팔의 포지션은 Demi- Seconde로 한다.

(2) 90°

① 5번 포지션에서 두 발로 동시에 점프한다.

② En Avant으로 할 때는 Attitude, En Arrière에서는 Développé를 하면서 이동한다.

③ Assemblé, 혹은 Coupé-Assemblé로 동작을 마무리 한다.

④ 90°이기 때문에 팔의 포지션은 큰 팔(big pose)로 한다.

17-3. Sissonne Doublée → *French & R.A.D*
Sissonne Retombée → *Cecchetti*

1) 용어의 정의

'Sissonne Doublée(씨쏜 두블레)'는 'Doublée'가 '중복된', '겹쳐진'의 뜻을 가지고 있기 때문에 '동작이 겹쳐진 점프'라고 해석한다.

다른 용어로는 **'Sissonne Retombée(씨쏜 르톰베)'**라고 하는데, 여기서 'Retombée'는 'Retomber'에서 파생된 것으로 '다시 떨어진'의 뜻이다.

2) 특징

(1) 이 동작은 Sissonne Ouverte와 Coupé-Assemblé가 복합된 형태이다.

(2) Dessus-Dessous의 형태로 실시한다.

(3) 모든 방향에서 실시 가능하다.

(4) Sissonne Ouverte할 때 두 가지 방법으로 실시된다.

　　① Développé를 거쳐서 다리를 연다.

　　② Développé를 거치지 않고 다리를 연다.

3) How to do

> ＊ 위에 설명한 특징 중 (4) -①의 방법만 소개한다.

(1) Dessous

　　① 5번 포지션 Demi-Plié에서 점프하면서 앞쪽 다리는 Développé를 거쳐 À la seconde로 편다.

Tip	ⓐ 여기서 Développé는 90°로 핀다. ⓑ 이때, 다리를 최대한 빨리 핀다. ⓒ 팔은 큰 팔로 한다.

② 한쪽 다리는 Demi-Plié로 착지하고, 반대쪽 다리는 À la seconde 상태를 유지한다.

> **Tip** 이때 몸 방향은 Écarté Derrière이다.

③ À la seconde 했던 다리를 지지하는 다리 뒤로 5번 포지션으로 두면서 Coupé-Assemblé를 한다.

> **Tip**
> ⓐ 여기서는 멀리 이동하면서 한다.
> ⓑ Coupé - Assemblé 하면서 몸 방향은 Épaulement을 한다.

(2) Dessus

① 뒷 발부터 시작하며, À la seconde로 Sissonne Ouverte한다.
② 발을 앞으로 놓으며 Coupé-Assemblé를 한다.

> ＊ 앞 쪽(249쪽)의 QR에서는 Dessous의 형태만 구성되어 있다.

17-4. Sissonne Fermée

1) 용어의 정의

'**Sissonne Fermée**(씨쏜 페르메)'는 '닫힌 점프'이다.

2) 특징

(1) Sissonne의 기본 원리와는 예외적으로 분류되는 동작으로, 두 다리에서 두 다리로 착지하는 점프 동작이다.

(2) 두 다리가 동시에 닫힌다는 특징이 있다.

(3) 모든 방향으로 가능하다.

(4) 방향에 따라서는 착지 시 발이 바뀌는 경우(Changé), 혹은 발이 안 바뀌는 경우(Sans Changer)도 있다.

(5) 보통은 45°에서 실시되며, 멀리 이동하는 점프이다.

(6) 90°에서 실시될 경우, 동작의 수행 방법과 용어가 달라진다.

> * 다음의 <17 - 5. Sissonne Fondue 참고>

Point
- Sissonne Fermée는 앞의 <12 - 3. Pas Jeté Fermé> 와 공통점도 있으나, 차이점도 있다.
- 다음의 표를 참고한다면 이해가 쉬울 것이다.

\<Sissonne Fermée\> vs \<Pas Jeté Fermé\>

동작 (movement)	공통점	차이점
Sissonne Fermée	① 두 다리에서 두 다리로 착지 되는 점프. ② 이동하는 점프	두 다리가 동시에 점프 된다.
Pas Jeté Fermé		한쪽 다리가 먼저 출발하며 점프한다.

3) How to do

(1) En Avant

① 5번 포지션으로 Croisé에서 준비한다.

② 두 다리 Demi-Plié한 후, En Avnat으로 점프하면서 3번 Arabesque를 취한다.

③ 앞다리로 착지하면서 뒷다리가 즉시 5번 포지션 Demi-Plié로 마무리한다.

> **Tip** 앞다리와 뒷다리가 거의 동시에 닫혀야 한다.

(2) De Côté

① 오른 발을 앞에 둔 채, 5번 포지션에서 Croisé로 준비한다.

② 두 다리 Demi-Plié 한 후, 옆으로 강하게 점프한다.

③ 오른쪽 다리가 먼저 떨어지고 왼쪽 다리가 재빨리 5번 포지션 Demi-Plié로 마무리 한다.

> **Tip**
> ⓐ 여기서는 5번 포지션 마무리는 왼쪽 다리를 앞으로 한다.
> 즉, Changé이다.
> ⓑ Sans Changer로 컴비네이션을 구성할 수도 있다.

(3) En Arrière

① 5번 포지션으로 Croisé에서 준비한다.

② 두 다리 Demi-Plié한 후, 뒤로 점프하면서 Croisé Devant을 취한다.

③ 뒷다리로 착지하면서 앞다리가 즉시 5번 포지션 Demi-Plié로 마무리한다.

> **Tip** 여기서도 뒷다리와 앞다리가 거의 동시에 닫혀야 한다.

* 앞 쪽(251쪽)의 QR에는 <17 -4> ~ <17 -5> 가 하나의 영상으로 구성되어 있다.

17-5. Sissonne Fondue

1) 용어의 정의

'**Sissonne Fondue**(씨쏜 퐁듀)'는 '부드러운 점프'로 해석한다.

2) 특징

(1) 두 다리에서 두 다리로 착지하는 점프 동작이다.

> ＊ Sissonne Fondue는 Sissonne Fermée와 마찬가지로 Sissonne의 기본
> 원리와는 예외적으로 분류되는 동작이다.

(2) Sissonne Fermée의 상급 과정 동작(90°)으로서 동작 수행 방법은 Sissonne
Fermée와 같지만 차이점은, 착지 시 닫히는 다리가 **Sissonne Fermée 보다
천천히, 그리고 부드럽게 닫힌다**는 것이다.

(3) Sissonne Fondue는 다음과 같이 두 가지 형태의 동작이 있다.

① 두 다리가 5번 포지션으로 끝나는 방식.

② 한쪽 다리가 Sur le Cou-de-pied로 끝나는 방식.

> ＊ ②방식은 대표적으로, 「Don Quixote」, Act Ⅱ, 그리고 Dulcinea
> Variation의 뒷부분에서 볼 수 있다.

3) How to do

> ＊ 여기서는 (3) -① 방식만 소개한다.

(1) 수행 방식은 기존의 Sissonne Fermée와 같이 하고, 다리는 90°이상으로 크
게 점프한다.

(2) 착지 시 닫히는 다리는 들어오지만 천천히 부드럽게 Tendu를 보여 주면서
5번 포지션으로 들어온다.

Tip	이 부분이 Fondu에 해당되는 것이다.

발레의 용어와 기술

17-6. Sissonne Tombée → *Vaganova*
Sissonne Tombante[74] → *Cecchetti*

1) 용어의 정의

'Sissonne Tombée(씨쏜 톰베)'는 '가라앉는 점프' 이다.

다른 용어로, **'Sissonne Tombante(씨쏜 톰방)'**이라고 하는데 여기서 'Tombant'[75] 은 '늘어뜨린', '(아래로)늘어진'의 뜻이다.

따라서 **'Sissonne Tombante'**은 '(아래로) 늘어진 점프'라고 해석한다.

2) 특징

(1) 가라앉는(fallen) 점프이다.

(2) Sissonne Simple, Tombé, 그리고 Glissé로 구성된 복합적인 동작이다.

(3) 두 다리에서 두 다리로 착지하는 점프이다.

(4) 어느 방향에서도 수행 가능하다.

(5) Petit, Grand의 형태가 있다.

(6) 독립적인 동작, 혹은 그랑 점프를 하기 위한 연결된 움직임으로서 실시된다.

3) How to do

(1) En Avant

① 5번 포지션, Croisé에서 준비한다.

② 점프하면서 두 다리는 5번 포지션을 최대한 오래 보여준다.

③ 착지하면서 앞쪽 다리는 Conditional Cou-de-pied를 거쳐 En Avant으로 재빨리 Tombé 한다.

④ 뒷다리는 Glissé 하면서 동작을 마무리 한다.

(2) De Côté

① 5번 포지션, Croisé에서 준비한다.

② 점프하면서 두 다리는 5번 포지션을 최대한 오래 보여준다.

③ 착지하면서 앞쪽 다리는 Conditional Cou-de-pied를 하며 De Côté로 재빨리 Tombé한다.

> **Tip** 거꾸로(Reverse) 할 때는 뒷발부터 시작하며,
> Sur le Cou - de - pied 또한 Derrière 이다.

④ 반대쪽 다리가 Glissé하면서 마무리한다.

> **Tip** 이때 발은 바뀐다.

(3) En Arrière

① 5번 포지션, Croisé에서 준비한다.

② 점프하면서 두 다리는 5번 포지션을 최대한 오래 보여 준다.

③ 착지하면서 뒤쪽 다리는 Sur le Cou-de-pied Derrière를 하며 En Arrière로 재빨리 Tombé 한다.

④ 앞다리가 Glissé 하면서 동작을 마무리 한다.

> **중요!!** Sissonne Tombée를 En Avant → De Côté, 또는 그 반대로
> En Arrière → De Côté 를 하나의 연결 동작으로 붙여서
> 하는 것을 '*Temps Lié Sauté*(땅 리에 쏘떼)' 라고 한다.

17-7. Tour-Sissonne Tombée(Blinchiki) → *Vaganova*
Chassé en Tournant

1) 용어의 정의

'Tour-Sissonne Tombée(뚜르 씨쏜 톰베)'는 발레 동작에서 의미하는 용어로 그 뜻을 풀기는 어렵지만 '찍어내면서 회전하는 점프' 정도로 해석할 수 있겠다. 이를 바가노바 메소드에서는 별칭으로 **'Blinchiki(블린쉬키)'**라고 부른다.

'Blinchiki'는 '러시아식 크레페'를 말하며, 이는 마치 밀가루 반죽을 얇게 찍어내는 듯한 동작처럼 보인다 하여 붙여진 이름이다.

다른 용어로는 **'Chassé en Tournant(샤쎄 앙 뚜르낭)'**이라고 하는데 동작의 느낌이나 특성을 알고 나면 이 용어가 기억에 더 오래 남을 것이다.

2) 특징

(1) 이 동작은 Chassé와 공중에서의 Tour로 구성된 동작이다.

(2) 여성들이 주로 하는 동작으로 연속적으로 실시되는 경우가 많다.

(3) 주로 사선 방향(En Diagonale)에서 실시된다.

(4) 대표적으로 「Sleeping Beauty」, Act Ⅲ 중에서 Florine Variation의 뒷부분에서 이 동작을 볼 수가 있다.

3) How to do

(1) 처음에 배울 때는 느린 박자로 정면에서(S5→S1) 돌지 않고 바로 공중에서 다리 모으고 다시 4번 포지션으로 떨어지는 것을 연습한 후, 회전동작으로 학습한다.

(2) 숙련이 된 후에는 사선에서 실시한다.

(3) 4번 포지션으로 착지 후 다시 5번 포지션으로 모으면서 점프한다.

(4) 연속으로 실시한다.

17-8. Sissonne Soubresaut → *Vaganova*
Pas de Poisson → *Vaganova*
Temps de Poisson
Temps de Collé

1) 용어의 정의

'Sissonne Soubresaut(씨쏜 쑤브르쏘)'는 '갑작스럽게 도약하는 점프'라고 할 수 있다. 다른 용어로는 **'Temps de Poisson(땅 드 쁘와종)'**, **Pas de Poisson(빠 드 쁘와종)'** 이라고도 한다. 여기서 'Poisson'은 '물고기'의 의미라는 것을 이미 언급한 바 있다. 마지막으로, **'Temps de Collé(땅 드 콜레)'**라고도 하는데 'Colle'는 '부착된', '밀착된'의 뜻을 가지고 있다.

> **Point**
> 여기서 주목할 점은 'Pas de Poisson'은 다른 동작에서도 이 용어를 쓰는 경우가 종종 있다는 점이다.
> 예를 들면, 'Jeté Passé En Arriére'를 'Pas de Poisson'이라고 하는 것처럼 말이다.

2) 특징

(1) Pas Soubresaut와는 다르게 두 다리에서 한 다리로 착지하는 점프이다.

> ＊ 그래서 Sisssonne이라는 용어가 함께 하는 것이다.

(2) 상체가 활처럼 아치(arch)를 형성한다.

> **Point**
> 이것은 마치 물고기의 움직임과 같기 때문에 'Temps de Poisson', 또는 'Pas de Poisson'이라고도 하는 것이다.

(3) 그랑 점프에서 많이 사용되는 동작으로 무용수의 고도의 점프력이 요구 된다.

(4) 특히 남자 무용수의 동작에서 이 동작의 특징이 잘 나타난다. 가장 대표적인 예로는 「Sleeping Beauty」, Act Ⅲ 중에서 Blue Bird Variation이 있다.

3) How to do

(1) Croisé, 5번 포지션에서 Demi-Plié 한다.

(2) 바닥을 강하게 누르면서 점프하고, 상체와 다리가 큰 아치를 만든다.

Tip	ⓐ 공중에서 두 다리는 5번 포지션을 최대한 오래 보여준다. ⓑ 팔은 1번 포지션, 또는 3번 포지션 등 다양하게 가능하다.

(3) 착지 시 한쪽 다리만 먼저 Demi-Plié 하면서 뒷다리는 바로 4번 포지션을 지나서 Grand Assemblé로 이어진다.

Tip	ⓐ 여기서는 하나의 동작처럼 연결해서 한다. ⓑ 한 다리로 착지될 때의 포즈는 Arabesque, 혹은 Attitude로도 할 수 있다.

Sissonne Soubresaut

발레의 용어와 기술

17-9. Sissonne Attitude

1) 용어의 정의

'Sissonne Attitude(씨쏜 애티튜드)'는 'Attitude 포지션의 점프'이다.

2) 특징

(1) 「Don Quixote」, Act Ⅰ의 Kitri Variation에서 볼 수 있는 동작이다.

(2) 도약 직전 준비 동작으로 Assemblé와 함께 한다.

(3) 여성 무용수만을 위한 동작이다

3) How to do

(1) 준비동작으로 Assemblé Devant을 실시한다.

(2) 점프하면서 앞다리는 멀리 쭉 뻗어주고 뒷다리는 Attitude를 만든다.

Sissonne Attitude

18. Temps Glissé

1) 용어의 정의

'***Temps Glissé***(땅 글리쎄)'는 '미끄러지는 움직임' 이다.

2) 특징

(1) 이동하는 동작이다.

(2) 1번~3번 Arabesque에서 실시된다.

(3) Croisé, Effacé, 직선 방향, 또는 사선(En Diagonale), 그리고 En Avant, En Arrière로 수행한다.

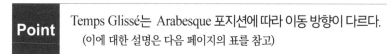

| Point | Temps Glissé는 Arabesque 포지션에 따라 이동 방향이 다르다. (이에 대한 설명은 다음 페이지의 표를 참고) |

(4) 가장 대표적인 예로는 「Tchaikovsky Pas de Deux」, Female Variation이 있다.

3) How to do

> * 여기서는 1번 Arabesque의 방법만 소개한다.

(1) 1번 Arabesque를 Demi-Pilé와 함께 한다.

(2) (1)의 자세를 유지한 채 사선 앞으로(En Avant) 조금씩 이동한다.

| Tip | ⓐ 이 때 뒷 다리는 흔들거리지 않도록 주의한다. ⓑ 앞 다리는 완벽한 턴 아웃이 아닌 절반 정도만 턴 아웃한다. ※ 이유는 완벽한 턴아웃으로는 이동이 어렵기 때문이다. |

(3) 같은 방법으로 뒤로(En Arrière)도 이동한다.

Temps Glissé

※ 다음은 <Temps Glissé>의 수행 방법 정리을 정리해 두었다.

몸 방향	수행가능 포지션	이동방향
Croisé	3번 Arabesque	En Avant
Effacé	1번 Arabesque	En Avant En Arrière
	2번 Arabesque	En Avant

19. Pas Ballonné

1) 용어의 정의

'Pas Ballonné(빠 발로네)'는 '부풀어 오르다'라는 'Ballonner'의 과거분사형에서 파생되었다. 따라서 '공처럼 부풀어 오르는 동작'이라는 뜻을 가지고 있다.

2) 특징

(1) 공이 튀는 것처럼 가볍고 탄력 있게 점프하는 동작이다.

(2) 한 다리로 계속 점프한다.

(3) 제자리, 또는 어떤 방향으로도 이동이 가능하다.

(4) En Tournant에서도 수행가능하다.

(5) 발레 수업에서의 Ballonné는 스프링보드(springboard)와 같은 특성을 가진다.

(6) 여러 개 연속적으로 실시할 수 있으며, Grand Jeté 및 기타 여러 점프들의 실행을 용이하게 하는 역할을 한다.

(7) 동작의 액센트(accent)는 **'in'**에 있다.

 Point 하지만 예외는 꼭 있다. Pointe Works에서 Pas Ballonné는 액센트를 'Out'에 두기도 한다. 가장 대표적인 예로,「Grand Pas Classique」의 Female Variation에서는 Pas Ballonné의 액센트를 'Out'에 두고 있다.

(8) Pas Ballonné는 기본형과 응용형[76]으로 정리할 수 있다.

    ① 기본형-Ballonné Simlpe(발로네 쎙쁠)

      (Petit, Grand, Battu, En Tournant 등의 형태 모두 포함)

    ② 응용형-Ballonné Compose(발로네 컴포즈)

Point 'Ballonné Compose'는 R.A.D 메소드에서 사용하는 컴비네이션이다. 여기서 'Compose'는 '구성된', '합성된'의 뜻이다. 그러므로 'Ballonné Compose'는 복합된 스텝임을 알 수가 있다.

Ballonné Compose의 영상은 여기서는 소개하지 않고, 유투브에 영상자료들이 있으니 참고하길 바란다.

※ 다음의 표는 <Ballonné Simlpe> 와 <Ballonné Compose>를 정리해 놓은 것이다.

	방향		동작 형태
	몸 방향	이동 방향	
Ballonné Simple	Effacé Devant	En Avant	Conditional Cou-de-pied
	Effacé Derrière	En Arrière	Sur le Cou-de-pied Derrière
	En Face	On Place	Coupé 와 함께
		De Côté	Dessus - Dessous
Ballonné Compose	Effacé Devant	En Avant	Ballonné Simple + Glissé + 5th Position
	Écarté Devant	De Côté	
	Effacé Derrière	En Arrière	

3) How to do

(1) 이동하는 경우

* 여기서는 En Avant의 방법만 소개한다.

① En Avant

ㄱ 5번 포지션, 앞 다리로 시작한다.

ㄴ 두 다리가 동시에 뛰면서 앞쪽 다리를 Effacé Devant으로 연다.

ㄷ ㄴ의 다리는 Conditional Cou-de-pied로 들어오면서 착지한다.

Tip 이동은 Conditional Cou - de - pied 하면서 이루어진다.

② 다시 ㉡, ㉢과정을 반복한다.

⑩ 동작을 마무리 할 때는 Assemblé로 한다.

> **Tip** 컴비네이션에 따라 다른 방법으로도 가능하다.

② De Côté

㉠ 앞 다리부터 시작한다.

> **Tip** 뒷다리부터 시작도 가능하다.

㉡ 두 다리가 동시에 뛰면서 앞 다리를 À la seconde로 연다.

㉢ ㉡의 다리는 Sur le Cou-de-pied Derrière로 들어오면서 착지한다.

> **Tip** 이동은 Sur le Cou - de - pied Derrière 하면서 이루어진다.

② 다시 ㉡과 ㉢의 과정을 수행한다.

> **Tip** 여기서는 Conditional Cou - de - pied로 바뀐다.

⑩ 팔은 앞 다리 쪽의 팔이 1번 포지션을 한다.

⑭ 동작을 마무리할 때는 Assemblé, 또는 Coupé-Assemblé로 한다.

③ En Arrière

㉠ 5번 포지션, 뒷 다리로 시작한다.

㉡ 두 다리가 동시에 뛰면서 다리를 Effacé Derrière로 연다.

㉢ ㉡의 다리는 Sur le Cou-de-pied Derrière 들어오면서 착지한다.

> **Tip** 여기서도 이동은 Sur le Cou - de - pied Derrière 하면서 이루어진다.

② 다시 ㉡, ㉢ 과정을 반복한다.

⑩ 동작을 마무리 할 때는 Assemblé로 한다.

발레의 용어와 기술

(2) 이동 안 하는 경우(제자리)

　① De Côté에서만 실시한다.

　② 주로 Coupé-Ballonné로 한다.

20. Pas Ballotté

1) 용어의 정의

'**Pas Ballotté(빠 발로떼)**'에서 '**Ballotté**'는 '흔드는(rocking)'의 의미로, 프랑스어 'Ballotter'의 과거 분사형에서 파생되었다.

2) 특징

(1) 상체의 움직임이 중요한 점프 동작이다.

(2) 연속으로 여러 번 실시 되기도 하고, 다른 스텝들과 함께 구성 되기도 한다.

(3) 파도에 흔들리는 보트의 이미지를 연상시키는 동작이다.

(4) 수행방법에 있어 두 가지의 형태가 있다.

　① Développé를 거치지 않는 방식- Par terre

　② Développé를 거치는 방식 - 45°

(5) 등과 허벅지의 강한 힘이 요구된다.

(6) 대표적으로, 「Giselle」, Act Ⅰ에서 남녀가 함께 하는 Pas Ballotté를 볼 수 있다.

(7) En Avant, En Arrière로 이동하면서 하는 점프이다.

3) How to do

　　※ 여기서는 Développé를 거치는 방식만을 소개한다.

(1) 처음 배울 때는 발끝을 바닥에 두고 정지동작과 함께 연습하고, 숙련이 된 후에는 45°, 90°까지 발전시킨다.

(2) Croisé, 5번 포지션 Demi-Plié에서 준비한다.

(3) Effacé 방향으로 수직으로 점프하면서 앞 다리는 Développé Devant을 거치
면서 착지한다.

Tip	ⓐ 이때 이동하면서 한다. ⓑ 상체는 뒤쪽으로 젖힌다.

(4) 앞 다리가 곧게 피면서 그대로 들어오면서 점프하고, 뒷다리는 Développé
Derrière를 거치면서 착지한다.

Tip	ⓐ 이때도 이동하면서 한다. ⓑ 상체는 앞쪽으로 숙인다. ⓒ 위의 (3), (4)를 하나의 동작처럼 연결한다.

중요!!

다음의 표는 \<Pas Ballonné\> 와 \<Pas Ballotté\>의 차이점을 정리해 놓은 것이다. [77]

Pas Ballonné (simple)	Pas Ballotté
한 다리로만 점프한다.	앞다리에서 뒷다리로 던지듯이 한다.
상체가 수직으로 유지 된다	①다리가 앞쪽일 때: 상체는 뒤쪽으로, ②다리가 뒤쪽일 때: 상체는 앞쪽으로.
Enveloppé 처럼 다리를 접는 동작	Développé 처럼 다리를 피는 동작
Accent ⇒ 'in' (※ 'Pas Ballonné'의 'n'과 'in'을 연관지어서 기억할 것)	Accent ⇒ 'out' (※ 'Pas Ballotté'의 't' 와 'out'을 연관지어서 기억할 것)

21. Contretemps → *Cecchetti & French*

1) 용어의 정의

'***Contretemps**(콩뜨르땅)*' 이라는 단어는 사전적 의미로는 '불의의 사고', '난처한 일'이라고 되어 있지만, 발레 동작에서는 '***Contre**(~의 반대로)*'와 '***Temps**(시간, 또는 움직임)*'이라는 단어가 합쳐져서 '시간(움직임)에 반대하는(beating against time) 동작'으로 해석한다.

2) 특징

(1) 한 방향에서 다른 방향으로 재빨리 바꾸는 동작이다.

(2) 동작에 Rond de Jambe가 포함되어 있다.

(3) 방향을 바꿀 때 두 가지의 방법으로 동작이 실시된다.

　　① Sur le Cou-de-pied를 거치는 방법

　　② Sur le Cou-de-pied를 거치지 않는 방법.

3) How to do

　　＊ 여기서는 위의 특징 중 (3) - ②의 방법을 소개한다.

(1) S6 → S2 방향으로, 선행동작 Sissonne Tombée, Pas de Bourrée, Glissade, Grand Pas de Chat를 한다.

(2) 오른쪽 다리가 공중에서 Rond de Jambe 하면서 왼쪽 다리부터 다시 Sissonne Tombée, Pas de Bourrée, Glissade, Grand Pas de Chat를 한다.

22. Cabriole

1) 용어의 정의

'**Cabriole**(카브리올)'은 '뛰어 돌아 다닌다(caper)'는 뜻을 가지고 있다.

2) 특징

(1) 다리가 공중에서 비트(beat)되는 상승의 스텝이다.

(2) 그랑 알레그로의 스텝으로 많이 사용된다.

(3) 이 동작은 Croisé, Effacé 등 모든 방향에서 이루어질 수 있다.

(4) 지지하는 다리에 힘이 생긴 다음에 시도해 보는 것이 좋다.

(5) 닫히는(Fermé) 방식, 또는 열리는(Ouvert) 방식이 있는데 열리는 방식이 컴비네이션에서 많이 이용된다.

3) How to do

> * 여기서는 Ouvert의 방식만 소개한다.

(1) S6→ S2방향으로 Glissade를 실시한다.

(2) 오른쪽 다리가 Effacé Devant으로 Grand Battement을 한다.

(3) 점프하면서 아래에 있는 다리(왼쪽 다리)가 위에 있는 다리(오른쪽 다리)에 붙이며 5번 포지션을 보여준다.

Tip	이때 팔은 왼팔은 3번, 오른팔은 2번 포지션으로 한다.

(4) 왼쪽 다리는 다시 Demi-Plié로 착지하고, 오른쪽 다리는 Effacé Devant을 유지한다.

Tip	이때, 위에 있는 다리는 발끝이 시작점 보다 더 올라가야 한다.

(5) 반대쪽도 같은 방법으로 실시한다.

Devant   Derrière

Cabriole

발레의 용어와 기술

23. Brisé[78]

1) 용어의 정의

'Brisé(브리제)'는 '꺾다', '산산조각을 내다', '깨지다'라는 뜻을 가진 동사인 'Briser'의 과거 분사형으로 '부서진', '깨진'의 뜻이다.

2) 특징

(1) 상체를 앞, 뒤로 접는 동작이다.

(2) 기본적으로 다리가 공중에서 교차되면서 En Avant, En Arrière로 이동하는 동작이다.

(3) 여러 개 연속으로 수행할 수 있다.

(4) 두 가지의 방식으로 동작이 수행된다.

　① 5번 포지션으로 끝나는 방식

　② 한 다리로 끝나는 Dessus-Dessous의 방식.

Point	● 이 방식(②)은 정식 용어로 **'Brisé Dessus - Dessous(브리제 드쒸 - 드쑤)'**라고 하며, 또 다른 용어로는 **'Brisé Volé En Avant – En Arrière(브리제 볼레 아 나방 – 아 나리에르)'** 라고도 하는데, 여기서 Volé는 '도약'을 뜻한다. ● 'Brisé Dessus - Dessous'는 「Sleeping Beauty」 Act Ⅲ 중에서 Blue Bird Variation에서 볼 수 있다.

3) How to do

(1) 5번 포지션으로 끝나는 방식(Fermé)

　① **En Avant**

　　㉠ 처음 단계에서는 느리게 정지동작과 함께 학습한다.

ⓛ Croisé, 5번 포지션으로 준비한다.

ⓒ 두 다리가 Demi-Plié 하면서 뒷다리가 1번 포지션을 지나 사선 앞으로 뻗어준다.

ⓔ 지지하고 있던 다리는 움직이는 다리에 바로 밑에 붙이면서 도약 하고, 상체는 앞으로 많이 숙인다.

Tip	이때, 등이 굽지 않도록 한다.

ⓜ 두 다리가 동시에 5번 포지션으로 착지한다.

Tip	이때 발은 바뀌면서 착지 된다. 즉, 시작 포지션과 같은 발로 끝난다.

ⓗ 숙련이 되면 연속으로 이어서 한다.

Tip	연속으로 여러 개 할 경우 앞다리가 움직이지 않도록 해야 하며, 뒷다리로만 움직인다

Brisé - En Avant

② **En Arrière**

ㄱ 처음 단계에서는 느리게 정지동작과 함께 학습한다.

ㄴ Croisé, 5번 포지션으로 준비한다.

ㄷ 두 다리가 Demi-Plié 하면서 앞다리가 1번 포지션을 지나 사선 뒤로
뻗어준다.

ㄹ 지지하고 있던 다리는 움직이는 다리에 바로 밑에 붙이면서 도약하
고, 상체는 뒤로 많이 젖힌다.

ㅁ 두 다리가 동시에 5번 포지션으로 착지한다.

Tip	이때도 발은 바뀌면서 착지 된다. 즉, 시작 포지션과 같은 발로 끝난다.

ㅂ 숙련이 되면 연속으로 이어서 한다.

Tip	여기서도 연속으로 여러 개 할 경우 앞다리로만 움직인다.

Brisé - En Arrière

(2) Dessus-Dessous로 끝나는 방식

① **Dessus**

㉠ 수행 방법은 앞의 Brisé En Avant과 같고 착지 동작만 다르다.

㉡ 착지는 한 다리로 끝나며, 반대쪽 다리는 Conditional Cou-de-pied가 된다(그림 참고).

Brisé -Dessus

② **Dessous**

㉠ 수행 방법은 앞의 Brisé En Arrière와 같고 착지 동작만 다르다.

㉡ 착지는 한 다리로 끝나며, 반대쪽 다리는 Sur le Cou-de-pied Derrière 가 된다(그림 참고).

Tip	숙련이 되면 Dessus - Dessous를 연속으로 이어서 한다.

발레의 용어와 기술

Brisé -Dessous

24. Rond de Jambe en L'air Sauté

1) 용어의 정의

'*Rond de Jambe en L'air Sauté*(롱 드 쟝브 앙 레르 쏘떼)'는 '공중에서 다리를 회전한다'는 뜻이다.

2) 특징

(1) 미들 점프에서 주로 실시되는 동작이다.

(2) À la seconde로만 수행하는 동작이다.

(3) 두 가지 방법으로 동작이 수행된다.

    ① 단독형- 바로 Rond de Jambe en L'air Sauté를 실시.

    ② 복합형 - Sissonne Ouverte 후에 Rond de Jambe en L'air Sauté를 실시.

(4) Single, Double, 그리고 En Dehors, En Dedans으로 가능하다.

(5) 가장 중요한 특징은 공중에서(점프한 상태) Rond de Jambe en L'air가 실시되어야 한다는 점이다.

3) How to do

> ＊ 여기서는 두 가지의 수행 방법 중에서 단독형의 En Dehohrs만 소개한다.

(1) Croisé, 5번 포지션에서 준비한다.

(2) 두 다리는 Demi-Plié를 한다.

(3) 두 다리가 동시에 점프하면서 앞다리는 À la seconde로 연다.

Tip	ⓐ 메소드에 따라서는 앞다리가 먼저 브러쉬(brushing) 하고 점프하는 경우도 있다.
	ⓑ En Dedans으로 할 경우는 뒷다리를 À la seconde로 연다.

(4) À la seconde의 다리는 Rond de Jambe en L'air를 실시한다.

Tip	ⓐ 공중에 도약한 상태에서 수행해야 한다.
	ⓑ 처음에는 Single로 연습한 후에 Double로 발전시킨다.
	ⓒ 두 팔은 2번 포지션을 한다.

(5) 동작의 마무리는 Assemblé로 한다.

25. Grand Fouetté Sauté

1) 용어의 정의

'**_Grand Fouetté Sauté_**(그랑 훼떼 쏘떼)'는 발레 동작에서는 '몸 방향을 바꾸면서 하는 점프'라고 해석한다.

2) 특징

(1) Centre Works에서 다룬 Grand Fouetté 동작들의 점프형이다.

(2) Centre Works에서 처럼 여러 가지 방법으로 수행 가능하다.

(3) 이동 없이 제자리에서 이루어지는 동작이다.

(4) 그랑 점프 동작에서 자주 사용된다.

3) How to do

> ＊여기서는 직선방향에서의 수행 방법만을 소개한다.

(1) S8번 방향을 향해서 Croisé, 오른쪽 다리는 Tendu Devant로 준비 포즈한다.

(2) S7 쪽으로 왼다리를 Temps Levé 한 후, 오른쪽 다리를 앞으로 짚으면서 (step), 왼쪽 다리는 1번 포지션을 지나 Grand Battement Devant을 한다.

Tip	1번 포지션 지날 때 반드시 두 다리가 같이 Demi - Plié 해야 한다는 점이 중요하다.

(3) 공중에서 몸 방향을 S3으로 바꾸면서 1번 Arabesque로 착지 한다.

Tip	ⓐ 제자리에 착지한다. ⓑ 팔은 다른 포지션으로 해도 된다.

(4) Temps Levé 하면서 반대쪽을 실시한다.

26. Temps de Cuisse

1) 용어의 정의

'***Temps de Cuisse***(땅 드 퀴스)'는 '넓적다리 움직임'이라고 할 수 있다. 여기서 'Cuisse'는 '허벅지(Thigh)', 또는 '넓적다리'라는 뜻이다.

2) 특징

(1) 허벅지의 움직임이 중요한 동작이다.

(2) 미들 점프에서 사용되는 동작이다.

(3) 바가노바 메소드에서는 사용하지 않는 동작이며, 체케티와 프랑스 메소드에서는 이 동작을 자주 사용한다.

(4) Sissonne Fermée와 항상 함께 실시되는 동작이다.

(5) 수행 방법에 있어서 두 가지 형식으로 정리할 수 있다.

　① 체케티 메소드

　　┌Battement Dégagé

　　│　　+

　　└Sissonne Fermée De Côté

　② 프랑스 메소드

　　┌Sur le Cou-de-pied

　　│　　+

　　└Sissonne Fermée De Côté

(6) De Côté로만 수행 가능하며, Dessus, Dessous 모두 가능한 동작이다.

3) How to do

(1) Croisé, 5번 포지션으로 준비한다.

(2) 뒷발이 Conditional Cou-de-pied를 거쳐 5번 포지션 Demi-Plié로 내려 놓는
다(Dessus).

> **Tip** 앞발부터 시작할 수도 있다. 즉, 이런 경우는 Dessous가 된다.

(3) 뒤쪽 다리 방향으로 Sissonne Fermée를 한다.

> **Tip** Sissonne Fermée 후에는 발이 바뀌지 않는다.

27. Saut de Basque
Grand Jeté en Tournant En Avant →*Cecchetti*

1) 용어의 정의

'**Saut de Basque**(쏘 드 바스크)'는 '바스크풍의 점프'이다. 다른 용어로는 '**Grand Jeté en Tournant En Avant**(그랑 쥬떼 앙 뚜르낭 아 나방)'이라고한다.

2) 특징

(1) 클래식 발레의 그랑 점프들 중의 하나이다.

(2) Pas Jeté와 En Tournant이 결합된 동작이다.

(3) 클래식 발레의 여러 작품에서 공공연히 등장하며 특히, 남자 무용수의 Coda에서 자주 볼 수 있다.

(4) 남성 무용수의 기량을 돋보이게 하는 동작이다.

(5) 직선으로 교차하면서 하거나, En Diaginale, 또는 En Manège에서 실시된다.

(6) Step-Coupé, Chassé를 예비동작으로 하여 더 큰 점프를 할 수 있다.

3) How to do

(1) S6에서 오른발을 앞에 두고 Croisé, Tendu Devant으로 준비한다.

(2) S2 방향으로 선행동작 Chassé를 실시한다.

(3) 왼발이 정확히 1번 포지션을 거쳐 À la seconde로 Grand Battement 하면서 점프한다.

Tip	이때, 앞에서 보면 무용수의 뒷모습이 된다.

(4) 공중에서 회전을 하면서 오른쪽 다리는 Retiré Devant, 팔은 3번 포지션을
하고 왼쪽 다리는 Demi-Plié로 착지한다.

Tip	ⓐ 착지 됐을 때는 다시 무용수의 앞 모습이 보이게 된다.
	ⓑ 남성무용수들은 공중에서 두 바퀴 회전한다.

발레의 용어와 기술

28. Gargouillade →*Cecchetti & French*
Rond de Jambe Double[79] →*Vaganova*

1) 용어의 정의

'*Gargouillade*(가그이야드)'는 '꾸르륵 꾸르륵 소리가 나는(gurgling)'의 뜻을 가지고 있다. 다른 용어로는 '*Rond de Jambe Double*(롱드 쟝브 더블)'[80]이라고도 한다.

2) 특징

(1) 이 동작은 여성들만 하는 점프이다.

(2) 작고 재빠른 동작이지만 굉장히 어려운 동작이다.

(3) Jeté Fermé와 Rond de Jambe en L'air가 결합된 동작이다.

(4) 「Tchaikovsky Pas de deux」의 Female Variation에서 이 동작을 볼 수 있다.

3) How to do

(1) 양쪽 발 모두 En L'air를 Single로 학습한다.

> **Tip** 숙련이 된 후에는 Double en L'air(더블 앙레르)로 실시한다.

(2) Croisé, 5번 포지션에서 앞다리가 바닥을 먼저 브러쉬(brushing)하면서 Jeté를 한다.

(3) 앞다리가 먼저 Rond de Jambe en L'air, En dehors를 하고, 반대 다리도 재빨리 Rond de Jambe en L'air, En dehors를 한다.

(4) 5번 포지션으로 끝난다.

Point 이 동작은 필자가 교육받은 바가노바 메소드와 소장하고 있는 자료들에서는 Rond de Jambe en L'air를 양쪽 다리 모두 En Dehors로만 하는 것으로 설명하고 있으나, 다른 메소드에서는 En Dehors -En Dedans으로 혼합해서 하는 경우도 많다. 따라서 교사의 재량으로 적절하게 사용하는 것을 추천한다.

발레의 용어와 기술

29. Pas de Ciseaux

1) 용어의 정의

'Pas de Ciseaux(빠 드 씨죠)'는 '가위질 스텝'이다. 여기서 '**Ciseaux**'는 '가위'라는 뜻이다.

2) 특징

(1) 다리의 민첩함이 요구되는 동작이다.

(2) 말그대로 공중에서 가위질하듯이 매우 날카로운 느낌으로 표현되어야 하는 동작이다.

(3) 등과 허벅지의 강한 힘이 요구되는 동작이다.

(4) 도약을 위한 예비동작으로 Step-Coupé 또는 Glissade가 있다.

3) How to do

(1) Croisé, 왼발 앞에 Tendu로 준비한다.

(2) 왼쪽 다리가 Demi-Plié 하면서 오른쪽 다리는 Effacé Devant으로 Grand Battement을 한다.

> **Tip** 이때, 팔은 1번 포지션으로 한다.

(3) 점프하면서 왼쪽 다리가 Croisé Devant으로 Grand Battement을 한다.

> **Tip** 두 다리는 공중의 가장 높은 정점에서 가위질하게 된다.

(4) 착지하면서 오른쪽 다리는 Demi-Plié, 왼쪽 다리는 재빨리 1번 포지션을 지나 1번 Arabesque까지 연결한다.

30. Pas Emboîté
Petit Jeté → *French*

1) 용어의 정의

'Pas Emboîté(빠 앙브와떼)'는 발레 동작에서는 '발을 끼워 넣는 스텝'으로 해석한다. **'Emboîté'**는 원래 '끼워 넣다', '끼워 맞추다'의 'Emboîter'에서 파생되었다. 다른 용어로는 **'Petit Jeté(쁘띠 쥬떼)'**라고도 한다.

2) 특징

(1) 공중에서 발을 끼워 넣는 동작이다.

(2) 여자용 동작으로만 사용된다.

(3) Pas Emboîté는 Sauté형과 Sur les Pointes형이 있으며, Sauté형은 다음과 같은 형태의 동작들이 있다.

	형태	특징
Pas Emboîté	Sur le Cou-de-pied	No turn, De Côté
	Attitude	Devant, Derrière En Avant, En Arrière, En Diagonale.
	En Tournant	Half-turn, En Diagonale.

Point 프랑스 메소드에서는 Sauté 형태의 Pas Emboîté를 'Petit Jeté' 라고 하며 'Emboîté' 라는 용어는 오직 Sur les Demi-Pointes, 혹은 Sur les Pointes에서만 사용한다.[81]

3) How to do

(1) Sur le Cou-de-pied

＊ 여기서는 구체적인 수행 방법 및 영상은 제시하지 않고 예시로만 대신한다.

예시) 「Swan Lake」, Act Ⅲ 중에서 Four Swans의 첫 부분.

(2) Attitude

① 처음에는 이동 없이 제자리에서 En Face로 학습하고, 후에 En Diagonale 로 이동하면서 한다.

② En Avant 45° 할 때는 발끝이 발목의 아킬레스 건 쪽을 지나면서 공중 에서 교차가 되어야 하며, En Arrière로 할 때는 뒤꿈치가 만나면서 교 차되게 한다.

> **Tip**　이때, 골반은 위로 끌어올리면서(hip - up) 가벼운 느낌으로 띈다.

③ 동작의 마무리는 Assemblé, 또는 다른 포즈로 한다.

④ 숙련이 되면 90°로 발전시켜서 한다.

> **Tip**　En Arrière로 할 경우에 90°는 거의 불가능 하므로 50~60° 까지만 할 수 있다.

(3) En Tournant (half-turn)

① 처음에는 정지동작과 함께 직선(예: S7→S3)으로 연습한 후에 En Diagonale 로 한다.

② Croisé, 오른발 앞에 5번 포지션, Demi-Plié로 준비한다.

③ En Diagonale로 점프하면서 반 바퀴 회전하고, 오른쪽 다리로 착지하면서 왼쪽 다리는 Conditional Cou-de-pied를 한다.

Tip	어렵겠지만 공중에서는 두 다리가 5번 포지션을 보여주려고 노력해야 한다.

④ 다시 공중으로 점프하면서 반 바퀴 회전한다.

Tip	시선은 계속 가는 방향으로 하며, 다리는 매번 Conditional Cou - de - pied로 한다.

⑤ 연속으로 이어서 실시한다.

V
Pointe Works

1. Pas Glissade

1) 특징

(1) Pointe Works의 아다지오에서 가장 기본적인 동작 중 하나이다.

(2) En Avant, De Côté, En Arrière 등 모든 방향에서 수행가능한 동작이다.

(3) Centre Works의 Temps Lié와 같은 형식으로 수행하기도 한다.

2) How to do

(1) En Avant

① Croisé, 5번 포지션에서 준비한다.

② 두 다리가 Demi-Plié를 하고, 두 팔은 준비 포지션(Preparation position)을 한다.

③ 뒷다리는 Demi-Plié 그대로 유지하고, 앞다리는 Tendu Devant으로 쭉 뻗어주고, 두 팔은 1번 포지션이 된다.

④ 앞 다리의 발끝을 길게 뻗어주면서 En Avant으로 이동하고, 뒷다리는 재빨리 따라오면서 Sur les Pointes, 5번 포지션을 보여 준다.

> **Tip**   여기서 팔은 안쪽 팔은 3번 포지션, 바깥쪽 팔은 2번 포지션이다.

(2) De Côté

① (1)에서 동작이 끝난 후, En Face 쪽으로 몸 방향을 바꾸면서 두 다리는 Demi-Plié를 한다. 팔은 3번 했던 팔은 1번 포지션으로 바꾸고, 반대 팔은 2번 포지션 그대로 유지한다.

② 뒷다리는 Demi-Plié 그대로 유지하고, 앞다리는 Tendu À la seconde로 쭉 뻗어주고, 두 팔은 2번 포지션으로 한다.

③ Tendu한 발은 De Côté로 이동하고, 반대 다리는 재빨리 따라오면서 Sur les Pointes, 5번 포지션을 보여 준다.

> **Tip**
> ⓐ 이때는 발이 바뀌면서 5번 포지션으로 끝낸다.
> ⓑ 여기서 몸 방향은 Croisé로 끝난다.

(3) En Arrière

① 두 다리가 Demi-Plié를 하고, 두 팔은 준비 포지션을 한다.

② 앞다리는 Demi-Plié 그대로 유지하고, 뒷다리는 Tendu Derrière로 쭉 뻗어주고, 두 팔은 1번 포지션을 한다.

③ 뒷다리의 발끝을 길게 뻗어주면서 En Arrière로 이동하고, 앞다리는 재빨리 따라오면서 Sur les Pointes, 5번 포지션을 보여 준다.

> **Tip**
> 여기서 팔은 안쪽 팔은 3번 포지션, 바깥쪽 팔은 2번 포지션이다.

> **중요!!**
> Pas Glissade를 En Avant →De Côté, 또는 En Arrière →De Côté로 이어서 하면 Pointe Works에서의 **Temps Lié**가 된다.

발레의 용어와 기술

2. Pas Jeté

1) 특징

(1) 한 다리로 서는 동작이다.

(2) 제자리에서 또는, 이동하면서도 실시된다.

(3) Dessus, Dessous, 그리고 모든 방향에서 실시된다.

2) How to do

(1) Dessus

① Croisé, 5번 포지션, 뒷 다리부터 시작한다.

> **Tip** 여기서는 왼발을 앞에 두고 오른발부터 시작한다.

② 몸 방향을 En Face로 바꾸면서 두 다리가 Demi-Plié를 하면서 동시에 오른쪽 다리는 À la seconde, 두 팔은 2번 포지션으로 한다.

> **Tip** 이때 발끝은 바닥에 있다. 즉, Tendu와 유사하다.

③ 오른쪽 다리를 앞으로 5번 포지션으로 모으면서 왼쪽 다리는 오른쪽 다리 쪽으로 Sur le Cou-de-pied Derrière한다.

> **Tip** 이때, 팔은 오른팔이 1번 포지션, 왼팔이 2번 포지션이며, 얼굴은 오른쪽을 향한다.

④ 왼쪽 다리가 다시 À la seconde로 나가면서 반대쪽을 실시한다.

(2) Dessous

① Croisé, 5번 포지션에서 앞 다리부터 시작한다.

> **Tip** 여기서는 왼발을 앞에 두고 시작한다.

② 몸 방향을 En Face로 바꾸면서 두 다리가 Demi-Plié를 하면서 동시에 왼쪽 다리는 À la seconde, 두 팔은 2번 포지션으로 한다.

> **Tip** 여기서도 발끝은 바닥에 있다.

③ 왼쪽 다리를 뒤로 5번 포지션으로 모으면서 오른쪽 다리는 왼쪽다리 쪽으로 Conditional Cou-de-pied 한다.

> **Tip** 이때, 팔은 오른팔이 2번 포지션, 왼팔이 1번 포지션이며, 얼굴은 오른쪽을 향한다.

④ 이어서 오른쪽 다리가 다시 À la seconde로 나가면서 반대쪽을 실시한다.

3. Jeté Fondu → *Vaganova*
Pas de Cheval
Pas Marché

1) 특징

(1) 부드러움과 탄력성을 지닌 유연한 동작이다(soft step).

(2) Pointe Works에서 이 동작은 En Avant, En Arrière, En Diagonale에서 물흐르 듯이(flowing) 진행이 된다.

(3) 「The Nutcracker」, Act Ⅲ, Sugar Plum Variation의 첫 번째 이동 스텝이 바로 이 부분이다.

(4) 이 동작을 '*Pas de Cheval*(빠 드 슈발)', 또는 '*Pas Marché*(빠 마르쉐)'라고도 한다.

> **Point** 여기서 'Marché'는 '걷다'', '행진하다', '전진하다'의 'Marcher' 에서 파생되어 '걷는', '행진하는'의 의미를 가지고 있다. 따라서 'Pas Marché'는 '행진하는 스텝'이다.

2) How to do

(1) En Avant

① Croisé, 오른쪽 다리는 뒤로 Tendu한다.

② 왼쪽 다리는 Demi-Plié, 오른쪽 다리는 Effacé Devant으로 나가면서 Step-Piqué로 서고, 왼쪽 다리는 Sur le Cou-de-pied Passé를 거쳐 Croisé Devant, 오른쪽 다리는 Demi-Plié를 한다.

③ 왼쪽 다리는 계속 Step-Piqué, 오른쪽 다리는 Sur le Cou-de-pied Passé 를 거쳐 Effacé Devant, 왼쪽 다리는 Demi-Plié를 한다.

④ ②, ③의 과정을 반복해서 한다.

> **Tip** 여기서 다리가 Passé를 할 때는 매우 부드럽고 끈끈한 느낌으로 한다.

(2) En Arrière

① Croise, 왼발 앞으로 두고 5번 포지션에서 실시한다.

> **Tip** En Avant을 수행한 후 곧 바로 할 경우는 다른 포즈 후에, 뒷 발부터 실시한다.

② 왼쪽 다리는 Demi-Plié, 오른쪽 다리는 Croisé Derrière로 나가면서 Step-Piqué로 서고, 왼쪽 다리는 Sur le Cou-de-pied Passé를 거쳐 Effacé Derrière, 오른쪽 다리는 Demi-Plié를 한다.

③ 왼쪽 다리는 계속 Step-Piqué, 오른쪽 다리는 Sur le Cou-de-pied Passé를 거쳐 Croisé Derrière,왼쪽 다리는 Demi-Plié를 한다.

④ ②, ③의 과정을 반복해서 한다.

발레의 용어와 기술

4. Assemblé Soutenu

1) 특징

(1) 당겨서 모으는 동작이다.

(2) Devant, Derrière, Dessus, Dessous의 형태로 실시된다.

(3) 「La Fille Mal Gardée」, Act Ⅱ, Lise Variation에 이 동작이 있다.

2) How to do

(1) Dessus

① 뒷다리부터 시작해서 앞으로 모은다.

② 두 다리 5번 포지션에서 Demi-Plié 하면서 뒷다리는 À la seconde으로 쭉 뻗는다. 두 팔은 모두 À la seconde Allongé이다.

③ À la seconde로 쭉 뻗은 다리는 앞으로 5번 포지션으로 모은다. 팔은 앞다리 쪽 팔은 1번 포지션, 반대쪽 팔은 2번 포지션을 취한다.

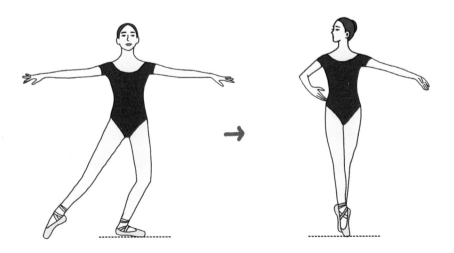

Assemblé Soutenu - Dessus

(2) Dessous

① Dessus 후에 바로 이어서 한다.

② 앞다리부터 시작한다.

③ 두 다리 5번 포지션에서 Demi-Plié 하면서 앞다리는 À la seconde로 쭉 뻗는다. 팔은 모두 À la seconde Allongé이다.

④ À la seconde로 쭉 뻗은 다리는 뒤로 5번 포지션으로 모은다. 팔은 앞다리 쪽 팔은 2번 포지션, 반대쪽 팔은 1번 포지션을 취한다.

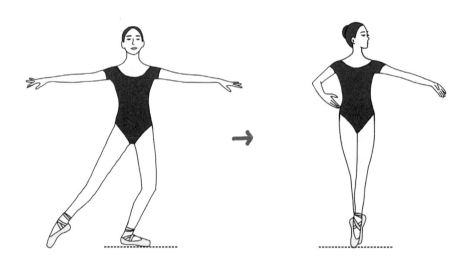

Assemblé Soutenu - Dessous

발레의 용어와 기술

5. Sissonne

1) 특징

(1) 두 다리에서 한 다리로 서는 동작들을 말한다.

(2) 강한 Plié를 요구한다.

(3) Ponite Works에서 Sissonne은 다음과 같은 형태가 있다.

	형태	
Sissonne	Simple	Single
		Double
		en Tournant
	Ouverte	Petit, Grand
		1st Arabesque

> ＊ 위 QR은 위의 표에서 정리한 Sissonne의 동작들, 즉 〈5-1〉~〈5-3〉의
> 동작이 하나의 영상으로 구성되어 있다.

5-1. Sissonne Simple

1) 특징

(1) 초급 클래스에서 처음 학습하게 된다.

(2) 가장 기본적인 형태의 Sissonne으로, Single, Double, En Tournant의 형태가 대표적이다.

(3) 「Don Quixote」, Act Ⅲ의 Kitri Variation에서 Sissonne Simple, 그리고 「La Bayadere」, Act Ⅱ의 Gamzatti, 그리고 Act Ⅲ의 Shades 3rd Variation에서 Sissonne Simple en Tournant을 볼 수 있다.

2) How to do

(1) Single

① 처음 시작은 Barre를 잡고 학습하고, 후에 Centre에서 한다.

② 다리 5번 포지션, Demi-Plié에서 한 다리로 서면서 앞다리는 Conditional Cou-de-pied를 한다.

Tip	ⓐ 뒷다리로 시작할 때는 바로 Conditional Cou - de - pied 를 한다.
	ⓑ 시선은 앞다리로 시작할 때는 지지다리 쪽으로, 뒷다리로 시작할 때는 Conditional Cou - de - pied 쪽으로 향한다.
	ⓒ 지지다리는 안쪽으로 들어오면서 (잡아 당기듯이) Relevé로 선다.

③ Conditional Cou-de-pied 한 다리는 뒤로 내리면서 5번 포지션, Demi-Plié로 마무리한다.

| Tip | 착지할 때는 약간 뛰듯이 5번 포지션으로 내린다. |

(2) Double

① 다리 5번 포지션, Demi-Plié에서, 한 다리로 서면서 앞다리는 Conditional Cou-de-pied를 한다.

Tip	ⓐ 이때 시선은 Conditional Cou - de - pied 쪽으로 그대로 둔다.
	ⓑ 뒷 다리부터 시작할 때는 Sur le Cou - de - pied Derrière로 하고, 시선은 지지다리쪽으로 둔다.

② 발을 바꾸지 않고 그대로 5번 포지션으로 내린다.

③ 다시 앞다리가 Conditional Cou-de-pied를 한다.

Tip	ⓐ Sissonne Simple을 Double로 할 때는 두 번째 Sur le Cou - de - pied 때 시선을 바꾼다.
	ⓑ 뒷다리부터 시작할 때는 두 번째 수행되는 Sur le Cou - de - pied는 Conditional Cou - de - pied로 바꾸고 시선도 Conditional Cou - de - pied 할 때 바꾼다.

④ Conditional Cou-de-pied 한 다리는 뒤로 내리면서 5번 포지션, Demi-Plié로 마무리한다.

(3) En Tournant

① Sissonne Simple Single을 각 코너 방향(S2, S4, S6, S8)으로 1/4씩 회전하면서 한다.

② 팔은 교사의 재량으로 다양하게 할 수 있다.

중요!!	Sissonne Simple의 동작들은 지지다리가 잡아당기듯이 Relevé를 해야 하고, 5번 포지션으로 마무리할 때도 뛰듯이 내려온다.

5-2. Sissonne Ouverte

1) 특징

(1) 점프 동작과 마찬가지로 다리가 열리는 동작이다.

(2) 45°, 90°에서 할 수 있으며, 모든 방향 및 포즈에서 가능한 동작이다.

(3) 제자리, 이동하면서 할 수 있다.

2) How to do

(1) 다리 5번 포지션에서 준비한다.

(2) 다리를 펼 때는 Développé를 거친다.

Tip	제자리에서 할 때는 Développé를 거친다. 하지만 이동시에는 En Avant으로 할 때는 다리가 바로 Ouvert로 하고, En Arrière 로 할 때는 Développé를 거친다.

(3) 두 발이 동시에 5번 포지션으로 닫힌다.

5-3. Sissonne 1st Arabesque

1) 특징

(1) Sissonne Ouverte의 이동형이라 할 수 있다.

(2) 「Tchaikovsky Pas de Deux」의 Female Variation에서 이 동작을 볼 수가 있다.

2) How to do

(1) Croisé, 다리 5번 포지션에서 두 다리 Demi-Plié로 준비한다.

(2) 지지하는 다리가 1번 Arabesque, Effacé En Avant으로 이동한다.

> **Tip** 특히, 앞다리가 강하게 앞으로 튕겨 나가듯이 한다.

(3) 두 다리가 동시에 5번 포지션, Demi-Plié로 끝낸다.

Sissonne 1st Arabesque

6. Pas Ballonné

1) 특징

(1) 제자리에서, 또는 이동하면서, 모든 방향에서 실시된다.

(2) Jump Works에서는 액센트를 'in'에 두었지만, Pointe Works에서는 'out'에 하기도 한다.

 Point 대표적 예로, 「Grand Pas Classique」의 Female Variation에서 는 'out'에 두었다.

2) How to do

(1) En Avant

① Croisé, 다리 5번 포지션으로 준비한다.

② 몸 방향을 Effacé로 바꾸면서 앞다리는 Conditional Cou-de-pied, 뒷다리 는 Demi-Plié한다.

③ 앞 다리는 Effacé Devant으로 피고, 뒷다리는 Relevé 하면서 이동한다.

④ 다시 앞다리는 Conditional Cou-de-pied로 들어오고, 뒷다리는 Demi-Plié를 한다.

⑤ 연속으로 여러번 실시한다.

(2) En Arrière

① Croisé, 다리 5번 포지션으로 준비한다.

② 몸 방향을 Effacé로 바꾸면서 뒷다리는 Sur le Cou-de-pied Derrière, 앞 다리는 Demi-Plié 한다.

③ 뒷다리는 Effacé Derrière으로 피고, 앞다리는 Relevé 하면서 이동한다.

④ 다시 뒷다리는 Sur le Cou-de-pied Derrière로 들어오고, 앞다리는 Demi-Plié를 한다.

⑤ 연속으로 여러번 실시한다.

Point

- Pointe Works에서 Pas Ballonné를 옆(À la seconde)으로 할 때는 제자리에서 Pas Coupé와 함께 한다.
- Pas Coupé와 함께 하는 Pas Ballonné를 '**Pas Coupé - Ballonné**(빠 -꾸뻬 발로네)'라고도 하는데 이것을 다른 용어로 '**Coupé - Fouetté Raccourci** (꾸뻬 -훼떼 라꾸르씨)'라고도 한다.

7. Pas Emboîté
Passé Pied → *French*

1) 특징

(1) Sur les Pointes 상태에서 바닥을 찌르면서 다리는 앞이나 뒤로 끼워 넣는 동작이다.

(2) 다리 Assemblé처럼 모으면서 하는 방식과 Retiré로 하는 방식이 있다.

> ＊ Assemblé처럼 모으면서 하는 방식을 일부 발레 용어 사전에는
> '*Pique a terre*(삐께 아 떼르)' 형식의 *Passé Pied*(빠세 삐에)라고
> 명시되어 있다.[82]

(3) En Diagonale, En Manège에서 En Tournant 등으로 수행할 수 있으며, 직선 방향에서도 실시된다.

(4) En Avant, En Arrière에서 주로 실시된다.

Point

특히, En Arrière로 하는 'Pas Emboîté'를 '*Déboîté*(드브와 떼)'라고도 한다.[83] 여기서 'Déboîté'는 '빼내다', '분리시키다'의 'Déboîter'에서 파생되어 '빼낸', '분리시키는'의 뜻을 가지고 있다. 또는 '*Emboîté en Reculant*(앙브와떼 앙 르뀔랑)이라고도 한다. 여기서 'Reculant'는 '뒷걸음질치다'라는 뜻을 품고 있다.

2) How to do

(1) En Avant

① 다리 5번 포지션, Relevé 상태에서 준비한다.

② 뒷다리를 À la seconde, Dégagé로 앞으로 모으면서 이동한다.

③ 반대쪽 다리도 이어서 한다.

(2) En Arrière

① 다리 5번 포지션, Relevé 상태에서 준비한다.

② 앞다리를 À la seconde, Dégagé로 뒤로 모으면서 이동한다.

③ 반대쪽 다리도 이어서 한다.

Tip	ⓐ 다른 방법으로는 Retiré Derrière 하면서 이동 하기도 한다.
	ⓑ 앞 쪽(310쪽) QR에서는 Retiré로 하는 방법으로 소개되어 있다.

(3) En Tournant

① 반 바퀴씩 돌면서 Retiré는 매번 앞에 놓는다.

② 다른 Tour들과 함께 연결해서 한다.

Tip	예를 들면, Tour Piqué, Tour Chaînes Déboulés 등이 있다.

8. Pas de Polka

1) 특징

(1) 2/4 박자의 경쾌한 리듬의 민속춤을 발레화 하였다.

(2) 저학년의 학생들의 귀여움을 잘 표현하는 동작이다.

(3) 모든 방향에서 가능하다.

(4) En Avant, En Arrière에서 할 수 있다.

(5) 「Giselle」, Act I, Peasant Pas de Deux 중 Female Variation에서 잠시 볼 수 있다.

2) How to do

> * 여기서는 En Avant의 방식만 소개한다.

(1) 다리 5번 포지션, Relevé 상태에서 준비한다.

(2) 앞 다리가 En Avant으로 가면서 뒷다리는 Sur le Cou-de-pied Derrière한다.

(3) 다시 앞다리가 스텝하면서 뒷다리는 살짝 점프(hop)로 Passé Cou-de-pied를 하면서 Devant으로 뻗는다.

(4) 계속 이어서 연속적으로 반복한다.

발레의 용어와 기술

9. Temps Levé (sur la Pointe) → *Vaganova*
Temps Sauté (sur la Pointe) → *Vaganova*
Sautillé (on Pointe) → *U.S.A*

1) 특징

(1) 한 다리로만 가볍게 점프(hop)하는 동작이다.

(2) Pas Ballonné, Rond de Jambe en L'air, 1번 Arabesque, Effacé Attitude와 같은 포즈와 함께 수행된다.

(3) 제자리에서 또는 이동하면서, 그리고 En Tournant으로 할 수 있다.

(4) 여자 무용수의 동작으로서 고전발레 작품에서 심심치 않게 볼 수 있다.

　① 「Giselle」, Act 1 중에서 Female Variation.

　② 「Paquita」 중에서 Jewel Variation.

　③ 「Paquita」 중에서 Lead Variation.

　④ 「Le Carnival de Venise」 중에서 Satanella Variation.

2) How to do

> ＊ 여기서는 1번 Arabesque 방식만을 소개한다.

(1) 1번 Arabesque Sur la Pointe[84] 상태에서 지지다리는 무릎을 구부린다(그림 참고).

(2) 위로 가볍게 점프(hop)한다.

(3) 여러번 반복한다.

Temps Levé sur la Pointe

발레의 용어와 기술

10. Pas de Bourrée Couru

1) 특징

(1) Pointe Works에서 발끝으로 촘촘히 이동하는 스텝을 의미한다.

(2) 여성 무용수를 위한 동작이다.

(3) 다리 포지션은 5번과 1번 포지션의 두 가지가 있다.

> **Point**
>
> 정확한 용어는 'Pas de Bourrée Couru(빠 드 부레 꾸뤼)' 뒤에 다리 포지션을 덧붙인다. 예를 들어, *Pas de Bourrée Couru en Première*(빠 드 부레 꾸뤼 앙 프리미에르),' 또는 *Pas de Bourrée Couru en Cinquième*(빠 드 부레 꾸뤼 앙 쎙크엠므)' 라고 쓴다.

(4) 바가노바 교수법에서는 발의 포지션에 따라 사용하는 용어가 달라진다 (다음의 〈10-1〉, 〈10-2〉 참고).

10-1. Pas de Bourrée Suivis

1) 특징

(1) 여성 무용수를 위한 동작이다.

(2) 다리 5번 포지션으로 연속적으로 이어지는 Pas de Bourrée이다.

(3) 제자리에서 뿐만 아니라 모든 방향으로 이동이 가능하다.

(4) 잔잔한 물이 흐르듯한 느낌의 동작이다.

> ∗ 여기서 'Suivis(쉬이비)'는 '이어지는', '연속되는'의 뜻이다.

2) How to do

> ∗ 여기서는 De Côté 방식만을 소개한다.

(1) 다리 5번 포지션, Relevé상태에서 준비한다.

(2) 뒷 다리를 옆으로 먼저 움직이면서 앞다리도 재빨리 따라간다.

Tip	이 동작은 발끝이 땅에서 떨어지면 안되고, 두 다리 사이의 틈이 보이지 않을 정도로 매우 촘촘히 이동해야 하기 때문에 뒷다리가 먼저 움직여야 한다.

발레의 용어와 기술

←--

Pas de Bourrée Suivis

＊ 앞쪽(316쪽)의 QR은 <10-1> ~ <10-2>의 동작이 하나의 영상으로 구성되어 있다.

10-2. Pas Couru

1) 특징

(1) 여성 무용수의 스텝으로만 사용된다.

(2) 바가노바 교수법에서만 사용되는 특수한 용어이다.

(3) **완벽하게 턴 아웃되지 않은 1번 포지션**의 형태로 촘촘이 달려가는 빠른걸음의 동작이다.

(4) En Avant, En Arrière로만 이동한다.

2) How to do

(1) 다리 1번 포지션으로, Sur les Pointes로 En Avant, 혹은 En Arrière로 달려가듯이 간다.

Tip	양발이 뒤꿈치만 붙인, 즉, 거의 턴 인(turn - in) 상태에 가깝다.

(2) 팔은 교사의 재량으로 큰 팔, 또는 작은 팔 등 다양하게 구성한다.

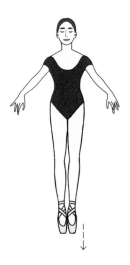

Pas Couru

발레의 용어와 기술

부록

1) 'Temps'과 함께 사용되는 용어들.

Temps	
	Lié
	Relevé
	Levé
	Glissé
	de Cuisse
	de Poisson
	de Flèche
	Contretemps

2) '(Pas) Jeté' 와 함께 사용되는 용어들.

(Pas) Jeté	
	Fermé
	Fondu
	Porté
	Passé
	Ballotté
	Entrelacé
	Grand Jeté
	Tombé - Coupe Jeté en Tournant

3) 'Sissonne'과 함께 사용되는 용어들.

Sissonne	
	SImple
	Overte
	Fermée
	Fondue
	Doublée
	Tombée
	Tour - Sissonne Tombée
	Soubresaut

참고 자료

\<해외 서적\>

Agrippina Vaganova. 「Basic Principles of Classical Ballet」. Dover Publications, INC. New York. 1946;1969.

Anna Paskevska. 「Ballet: From The First Plié to Mastery」. Routledge, 2002.

Gail Grant. 「Technical Manual and Dictionary of Classical Ballet」. BN Publishing, 2008.

Gretchen Ward Warren. 「Classical Ballet Techinique」, University Press of Florida, 1989.

Rhonda Ryman. 「Ryman's Dictionary of Classical Ballet Terms: Cecchetti」. Dance Collection Danse Press/es, Canada, 1998.

Thalla Mara & Janice Barringer. 「On Pointe, Basic Pointe Work」. Princeton book Company. New Jersey. 1959;2005.

Vera Kostrovitskaya & Alexei Pisarev. 「School of Classical Dance」. Dance Books Cecil Court London, 1995;1978.

\<국내 서적\>

이상우 역. 「클래식 발레 기본」, 예니. 2002.

이유라 · 이미라. 「올바른 발레용어」. 플로어웍스. 2021.

송주영 역. 「클래식 발레의 기초」. 꿈씨. 2013.

\<워크샵 자료\>

유니버설 발레 아카데미. 「바가노바 교사과정 1~3단계」, 2004.

유니버설 발레 아카데미. 「바가노바 교사과정 4~6단계」, 2005.

장한업. '어원으로 읽는 발레'. 국립예술원 인문학 강좌 자료집. 2013.

Bolshoi Ballet Academy. 「Teacher Training Seminar: Vaganova Syllabus, Year 4」. 2023. 3. 22 ~ 26.

Bolshoi Ballet Academy. 「Teacher Training Seminar: Vaganova Syllabus, Year 5」. 2023. 4. 12 ~ 16.

성신여대 평생교육원. 「성신 러시아 발레 메소드(바가노바 교수법) 지도자 과정 4~6단계」. 2023.

9. 20 ~ 12. 6.

<영상 자료>

The Video Dictionary of Classical Ballet(DVD). 1991. U.S.A

Dmitry Tuboltsev. Demonstration of Complete Vaganova: Level 4 Syllabus and Class for ages 12-

14(DVD). 2008.

<Youtube 및 SNS 자료>

https://youtu.be/jICPqvUCHho

https://youtu.be/7HIOnyw_bEY

https://youtu.be/gMhpjzowSdk

https://youtu.be/pUPOKfOJaPE

https://www.youtube.com/@balletvideotutorials9561/videos

https://youtube.com/playlist?list=PLwS6egmcnvtOw0_A2NNUprDjP062JLJYM

https://youtu.be/MIL4Mxg91Lc

https://youtu.be/FBTRiVI_g1M

https://www.youtube.com/@soomilog

https://youtu.be/4IWwxEz24cs

https://www.youtube.com/@balletforevery1

https://youtu.be/SH15FIftCWQ

https://youtu.be/l7v2OpnCHDc

https://youtu.be/vQm_nznZ7cU

https://youtu.be/o3UtzB0o6kw?si=T_p5GDLMvcBAtcS1

https://youtu.be/ZNOOoA7ifrk?si=i-JbBggHd3dG_E1A

https://youtube.com/shorts/U0AWFx1ycV0?si=4Gjh6OrwGvfSG1sA

https://youtu.be/6HkO0972aN4?si=ccuHiSewxyyDCz23

https://instagram.com/stefaniapetry?igshid=NmR1d202ajBndjMz

https://instagram.com/osipovaballetacademy?igshid=MTBldm4ybjU2b2M3Zw

https://instagram.com/runqiaodu?igshid=MTR6a2twNHIzN2NpZQ==

https://instagram.com/feruschel?igshid=amt4ZHV1MDhsYTZy

https://instagram.com/athletistry?igshid=MWtxdHloYnF0c3l1cg==

https://instagram.com/deboballet?igshid=OGVzcmhnMno3OWg3

https://instagram.com/balletwithisabella?igshid=MXBzdnJ1Z3k5N2V2cw==

https://instagram.com/amynovinski?igshid=cnN0cWUxNDZwejEz

<해외 사이트>

https://dancer.com/ballet-info/in-the-studio/terms-positions/

https://www.abt.org/explore/learn/ballet-dictionary/

https://fitballet.blogspot.com/2009/07/what-is-b.html?m=1

<포털 사이트>

네이버 「발레용어사전」.

네이버 지식백과.

www.google.com

Note

Ⅰ. Basic Concepts

1) 프랑스 어로는 'Pas(빠)' 라고도 한다.즉, 발레 용어에 'Pas'는 '동작'의 의미로 보면 된다.

2) 발레 수업에서 두 가지 이상의 동작을 음악과 함께 연결시킨 것으로, 컴비네이션(Combination)이라고도 한다.

3) <Ⅱ.Barre Works>의 <14. Battement Fondu>, <22.Battement Développé>를 참고.

4) <Ⅲ.Centre Works>의 <4. Pas de Bourrée> 참고.

5) <Ⅱ. Barre Works>의 <15. Battement Frappé>, <16. Petit Battement sur le Cou-de-pied> 부
분을 참고 하기 바람.

6) Agrippina Vaganova. 「Basic Principles of Classical Ballet」. p.131.

' Tire- Bouchon'은 불어로 '와인 오프너'를 뜻한다. 발레에서는 한쪽다리의 무릎을 구부려 지지다리의 무릎에
발끝을 대고 있는 포지션으로서, 일반적으로 우리가 알고 있는 Retiré보다 더 높은 위치의 Position일 때를 말
한다. 이 포즈로 회전(turn)을 할 때 그 이미지가 와인 오프너(corkscrew)가 돌아가는 형태가 비슷하여, 붙여
진 말이다.

7) 공식적으로는 4가지의 포지션이지만 작은 팔, 큰 팔 포지션도 팔의 포지션으로 사용하기에 6가지로 소개하였다.

8) 이 포지션은 공식적인 포지션은 아니지만 알레그로 동작 수행 시 사용되는 포지션이다.

(https://dancer.com/ballet-info/in-the-studio/terms-positions/)

9) '작은 팔' 포지션이라고 함

10) '큰 팔' 포지션이라고 함

11) Gail Grant.「Technical Manual and Dictionary of Classical Ballet」. p.89.

12) Gail Grant.「Technical Manual and Dictionary of Classical Ballet」, p.59.

13) Agrippina Vaganova. 「Basic principles of Classical Ballet」. p.44.

14) <Ⅱ.Bar Works>의 <25-4. Grand Battement Arrondi>를 참고

15) 원칙적으로 프랑스어 'R'은 한국어로 'ㅎ' 에 가깝게 발음되어 '흘러베'가 맞지만,영어식의 발음이 더 익숙해져 있
기 때문에 '를르베'로 표기한다. 이후로도 'R'로 시작되는 용어들(예를 들면, 'Révérence', 'Retiré' 등)들도 동
일하게 적용된다.

16) Gail Grant.「Technical Manual and Dictionary of Classical Ballet」, p.94.

17) 뒤꿈치를 들어 올린 상태를 의미하며, 두 다리가 올라간 상태는 Sur les Demi-Pointes, 한 다리로 할 경우는

Sur la Demi-Pointe로 쓴다.

18) 완전한 발끝으로 서 있는 상태를 의미하며, 두 다리로 할 경우는 Sur les Pointes, 한 다리로 할 경우는 Sur

la Pointe로 쓴다.

19) 대표적으로 Battement Relevé Lent(바뜨망 를르베 렁) 동작이 있다. 이 동작에 대한 자세한 내용은 <Ⅱ.

Barre Works>의 <21. Battement Relevé Lent>부분을 참고

20) Arabesque는 여성형 명사이기 때문에, Croisée에서 'e'가 하나 더 붙는다.

21) Arabesque가 여성형 명사이기 때문에, Ouverte가 되었다.

22) Gail Grant.「Technical Manual and Dictionary of Classical Ballet」. p.9.

23) Attitude par Terre(애티튜드 빠 떼르)라고도 한다.

24) Rhonda Ryman.「Rhonda Ryman's Dictionary of Classical Ballet Terms」. p.15 , p.17.

25) 신고전주의 시대를 연 미국의 안무가

26) https://fitballet.blogspot.com/2009/07/what-is-b.html(2023. 03.08 검색)

27) '끝 부분'이라는 뜻으로, Grand Pas de Deux에서 가장 마지막 부분을 말한다.

Ⅱ. Barre Works

28) Vaganova Method에서는 Battement Tendu로만 사용하기도 하지만, A.Vaganova의 저서인 「Basic

Principles of Classical Ballet」, 「Technical Manual and Dictionary of Classical Ballet」 등 대

부분의 자료에서는 Battement Tendu Simple로 표기하고 있다.

29) <Ⅳ. Jump Works>의 <8. Entrechat>를 참고.

30) 한 점을 정해 놓고 그 점에 초점을 맞추고, turn을 시작할 때는 몸통이 먼저 회전이 되고, 머리는 남아 있다가 재

빨리 원지점으로 돌아오는 것이다. 연속적으로 회전이 이루어지는 동작에서는 spotting을 필수적으로 갖추어져

야 할 요소이다.

31) 프랑스 어의 정확한 발음은 '쥬떼'이다.

32) 예를 들면, Glissade, Assemblé, Grand Jeté 등이 있다. <Ⅳ. Jump Works>의 동작들을 참고.

33) <Ⅲ. Centre Works>의 <8. Renversé> 참고.

34) <Ⅳ. Jump Works>의 <4. Pas de Basque>참고.

35) '가라앉는' 동작

36) <Ⅱ. Barre Works>의 <25-2. Grand Battement Jeté Passé> 참고.

37) Saint Leon의 말을 Gail Grant가 자신의 저서에 인용하였다. 「Technical Manual and Dictionary of Classical Ballet」. p.53.

38) Gail Grant.「Technical Manual and Dictionary of Classical Ballet」. p.53.

    Jeté Fondu는 Jeté Fermé의 상급 동작이며, Sissonne Fondue는 Sissonne Fermée의 상급동작이라 할 수 있다. 두 동작들은 하위 동작인 Fermé가 두 다리가 거의 동시에 닫히는 것에 반해 닫히는 다리가 착지한 다리보다 늦게, 부드럽게 닫히는 동작들이다.

39) 대표적으로 Tour Attitude의 동작을 연결할 때 사용된다.

40) <Ⅳ. Jump Works>의 <5. Pas de Chat> 참고.

41) Battement을 빼고 Relevé Lent만으로 표기하기도 한다(「School of Classical Dance.」).

42) 장한업.'어원으로 읽는 발레'. 국립예술원 인문학 강좌 자료집. 2013.

43) Battement을 빼고 Développé Passé로만 표기하기도 한다(「School of Classical Dance.」)

44) Battement을 빼고 Développé Balancé로 표기하기도 한다(「School of Classical Dance.」).

45) Battement을 빼고 Développé Tombé로 표기하기도 한다(「School of Classical Dance.」).

46) Battement을 빼고 Développé Ballotté로 표기하기도 한다(「School of Classical Dance.」).

47) 장한업.'어원으로 읽는 발레'. 국립예술원 인문학 강좌 자료집. 2013.

48) Vaganova Method 관련 자료에서는 이 동작에 대한 용어를 'Battement Développé Balancé with quick Deml-Rond de Jambe~'처럼 서술형으로 사용하고 있다.

49) 'Soft'는 영어이고, 'Grand Battement Jeté'는 프랑스어로 'Soft Grand Battement Jeté'는 합성어로 추측된다. 왜 이렇게 쓰는지는 알 수가 없으나 바가노바 메소드 에서는 정식 발레 용어로 사용되고 있다.

50) <Ⅳ. Jump Works>의 <17-2. Sissonne Ouverte> 참고.

51) Arabesque가 여성형 명사로 취급되어 Penché에 e가 하나 더 붙는다.

Ⅲ. Centre Works

52) '미끄러지는'의 뜻

53) 프랑스식으로' Adage(아다쥬)', 이탈리아식으로는 'Adagio(아다지오)' 라 한다.

54) <Ⅲ. Centre Works>의 <10. Grand Fouetté> 참고.

55) 네이버 지식백과, 2023년 1월 1일 검색.

56) <Ⅲ. Centre Works>의 <8. Renversé> 설명 참고.

57) 여기서 'S'는 'Studio'를 의미하며, 숫자 '6'는 '6번 방향'을 의미한다. 따라서 'S6'는 'Studio의 6번 방향'이다. 이후로도 본문 내용 중 'S'와 함께 동반되는 숫자는 Studio Point를 의미한다.

58) 이 책에서는 우리가 알고 있는' Pirouette'을 ' Tour'로 통합하였다.

Ⅳ. Jump Works

59) 일반적으로 5번 포지션에서 이동하면서 점프하는 것을 의미하지만, R.A.D에서는 제자리에서 5번 포지션 점프를 이렇게 부른다.

　　Pas Soubresaut에 대한 내용은 <Ⅳ. Jump Works>의 <15. Pas Soubresaut>를 참고.

60) Anna Paskevska.「Ballet From The First Plié To Mastery」, p. 165.

61) <Ⅳ. Jump Works>의 <13. Pas Chassé>를 참고.

62) 열거된 동작들은 <Ⅳ. Jump Works>에서 항목별로 설명이 되어 있으니 목차의 번호를 참고하여 해당 페이지에서 살펴볼 것.

63) Gretchen Ward Warren.「Classical Ballet Technique」. p.322.

64) <Ⅳ. Jump Works>의 <16. Pas Couru>를 참고.

65) <Ⅳ. Jump Works>의 <12-3. Jeté Fermé>를 참고.

66) <Ⅳ. Jump Works>의 <27. Saut de Basque>를 참고.

67) Sissonne 때문에 Tombé가 아닌 Tombée가 된다. 또한 동작의 구체적인 내용은 <17-6. Sissonne Tombée> 부분을 참고 바람.

68) Sissonne은 원칙적으로 두 다리에서 한 다리로 착지되는 점프를 말한다. 구체적인 내용과 세부 동작들은 <Ⅳ. Jump Works>의 <17. Sissonne> 부분을 참고 바람.

69) <Ⅳ. Jump Works>의 <17-8. Sissonne Soubresaut>를 참고 바람.

70) Gail Grant.「Techincal Manual and Dictionary of Classical Ballet」, p. 107.

　　국내에 발간된 발레 용어 서적이나 인터넷 자료들에 의하면 'Sissonne은 프랑스 Sissonne 지방의 백작

(Comte de Sissonne) 에 의해 고안된 동작'이라고 알려져 있다. 하지만 여기서는 Gail Grant의 저서에 근거한 내용을 바탕으로 하였다.

71) Sissonne 때문에 Fermé가 아닌 Fermée가 된다.

구체적인 내용은 <IV. Jump Works>의 <17-4. Sissonne Fermée>를 참고하기 바람.

72) Sissonne 때문에 Fondu가 아닌 Fondue가 된다. 또한 여기서 예외적이라는 의미는 바가노바 메소드 형식일 때를 기준으로 한다.

구체적인 내용은<IV. Jump Works>의 <17-5. Sissonne Fondue>를 참고하기 바람.

73) Sissonne 때문에 Ouvert가 아닌 Ouverte가 된다.

74) Sissonne 때문에 Tombant이 아닌 Tombante가 된다.

75) 단독으로 쓸 때는 원형 그대로 사용하였다.

76) 이 분류는 필자의 관점에서 정리를 한 것이며, 응용형의 다른 Ballonné 형식으로 Ballonné à trois temps(발로네 아 트로아 땅)이라고 있으나, 여기서는 내용을 다루지 않았다.

77) https://youtu.be/4IWwxEz24cs 에서 발췌, 정리.

78) Pas Brisé로 쓰기도 한다.

79) 'Rond de Jambe en l'air double'라고 표기 되어 있는 경우도 있다.

80) Vaganova Method에서는 'Gargouillade'도 쓰지만 'Rond de Jambe double'이라는 용어도 사용한다.

81) Gail Grant. 「Techincal Manual and Dictionary of Classical Ballet」, p. 46.

Ⅴ. Pointe Works

---

82) Gail Grant. 「Techincal Manual and Dictionary of Classical Ballet」. 81p.

83) Gretchen Ward Warren. 「Classical Ballet Technique」, p.364.

84) 한쪽 다리로만 움직이기 때문에 단수형이 사용되었다.

QR 코드 동영상과 함께 하는
발레의 용어와 기술

초판 1쇄 | 2024년 5월 15일

편저자 | 서수민

감수자 | 김순정

편　　집 | 강완구

디자인 | S-design

브랜드 | 우물이있는집

펴낸곳 | 써네스트

펴낸이 | 강완구

출판등록 | 2005년 7월 13일 등록번호 제2017-000293호

주　　소 | 서울시 마포구 망원로 94, 203호

전　　화 | 02-332-9384　　　　팩　　스 | 0303-0006-9384

이메일 | sunestbooks@yahoo.co.kr

홈페이지 | www.sunest.co.kr

ISBN 979-11-90631-85-3 93680 값 30,000원

* 〈우물이 있는 집〉은 써네스트의 인문브랜드입니다.